AF355527

Johann Most

Anarchistische Werke: Die freie Gesellschaft + Die Anarchie + Die Gottespest + Die Eigentumsbestie + Der kommunistische Anarchismus

e-artnow 2018

Anonym
Das Buch Henoch (Die älteste apokalyptische Schrift)

Wladimir Iljitsch Lenin
Was tun?

Michail Bakunin
Gott und der Staat (Klassiker des Anarchismus)

Karl Marx
Enthüllungen über den Kommunisten-Prozeß zu Köln

Johann Most
Gesammelte Werke: Anarchistische Schriften + Atheistische Essays + Politische Werke

Erich Mühsam
Gesammelte politische Werke: Parlamentarischer Kretenismus + Die Anarchisten + Tagebuch aus dem Gefängnis + Appell an den Geist + Anarchie + Kulturfaschismus und mehr

Erich Mühsam
Die Befreiung der Gesellschaft vom Staat - Was ist kommunistischer Anarchismus?

Paul Lafargue
Das Recht auf Faulheit (Widerlegung des "Rechts auf Arbeit" von 1848)

Karl Marx
Manifest der Kommunistischen Partei

Johann Most
Kapital und Arbeit

Johann Most

Anarchistische Werke: Die freie Gesellschaft + Die Anarchie + Die Gottespest + Die Eigentumsbestie + Der kommunistische Anarchismus

e-artnow, 2018
Kontakt: info@e-artnow.org

ISBN 978-80-273-1819-3

Inhaltsverzeichnis

Die Anarchie

Noch niemals war wohl eine Idee, für deren Verwirklichung eine so kleine Anzahl von Menschen eintrat, wie das augenblicklich noch hinsichtlich der Anarchie der Fall ist, so sehr in aller Munde, wie gegenwärtig gerade die Idee der so stark angefeindeten Anarchie Allein so viele Worte darüber verloren werden, nahezu so viel Unsinn kommt zum Vorschein. Und wenn man aus den unzähligen Zeitungsartikeln, Broschüren und Büchern, aus den Predigten und Vorträgen, welche diesem Gegenstand gewidmet sind, die Quintessenz herausdestillirt, kommen etwa folgende Raisonnements zum Vorschein:

> Anarchie ist allgemeine Konfusion, wilder Durcheinander, welcher jeder Zivilisation Hohn spricht. Da dieser Zustand weder Regierung, noch Gesetze denkbar macht, so bedeutet er die Auflösung der menschlichen Gesellschaft in isolirte Individuen, von denen jedes die übrigen ungestraft schädigen und bekämpfen kann, so dass schliesslich die Schwachen den Starken unterliegen werden und eine Sklaverei, wie sie kaum noch jemals existirte, Platz greifen muss. So verwerflich und absurd dieses Ziel der Anarchisten ist, so schändlich sind die Mittel, welche dieselben zur Erreichung desselben anwenden, nämlich Raub, Mord, Brand und Zerstörung aller Art, Anarchie ist also ein Gemisch von Wahnsinn und Verbrechen. Die Gesellschaft muss sich hiegegen mit allen ihren Kräften wehren, gesetzlich, so weit das ausreicht, gewaltthäterisch, wenn es sein muss. Jedenfalls ist es Pflicht aller Ordnungs-Freunde, die Anarchie so rasch wie möglich im Keime zu ersticken, resp. die Anarchisten mit Stumpf und Stiel vom Erdboden hinweg zu tilgen.

So, wie gesagt, lautet die Aeusserung der »öffentlichen Meinung«, wie sie von den literarischen Werkzeugen der Träger unserer modernen Gesellschaft von einem Ende der Welt bis zum anderen verkündet und vom unwissenden Publikum bis weit in die Kreise der Arbeiterbewegung hinein geglaubt wird.

Würden die Menschen nur einen Augenblick über das Herkommen und den Zweck des bisher bestandenen Zustandes, welcher den Gegensatz zur Anarchie (Nichtherrschaft oder Freiheit) bildet, nachdenken, so könnten sie sofort herausfinden, dass die Anarchie *nicht* Konfusion bedeutet, sondern die Abwesenheit jener Konfusionen, wie sie das archistische Zeitalter der Menschheit gebracht hat.

Alle Archie – Herrschaft oder Regierung – ist aus dem bösen Willen der Starken entsprungen, die Schwachen zu unterjochen, und sie hat bis auf den heutigen Tag, unter welchen Formen sie sich immer zeigen mochte, keinen anderen Zweck gehabt.

Alle Archie lag stets und ständig in den Händen der Eigenthum besitzenden Klassen und kehrte ihre Spitze gegen die Besitzlosen. Je niedriger der jeweilige allgemeine Kulturzustand war, in welchem sich die Gesellschaft befand, desto roher und unverhüllter zeigte sich auch die Archie der Reichen; je höher sich die Kultur entwickelte, zu desto raffinirterer List griffen die Archisten, ihre Gewaltanmassung zu verdecken, ohne indessen das Wesen der Gewaltsherrschaft der Besitzenden über die Besitzlosen im Mindesten abzuschwächen.

Es sind da im Wesentlichen nur drei Entwickelungsstufen der Archie hinsichtlich ihres massgebenden Faktors zu verzeichnen: Eigenthum an Menschen, Eigenthum an Grund und Boden, Eigenthum überhaupt.

Welche Uebelstände alle diese Phasen des Archismus in stetiger Zunahme zu Tage gefördert hat, und wie wenig Unterschied es ist, ob derselbe mit einer despotischen Spitze, im Gewände des Konstitutionalismus oder unter republikanischem Deckmantel auftritt, das wollen wir in dieser Schrift nicht des Weiteren erörtern. Wir verweisen in dieser Beziehung auf das in der »Eigenthumsbestie« Erörterte und gehen hier sofort auf den Kern der vorliegenden Abhandlung ein.

Wenn die Archie in allen ihren Formen der Menschheit nur Missstände bescheert hat, so muss daraus gefolgert werden, dass nur in ihrer *Beseitigung* das Heil zu suchen ist. Aufhebung der Archie bedeutet aber *Anarchie*. Demgemäss ist dieselbe das naturgemässe Ziel der nach Befreiung strebenden Menschheit. Wer immer in dieser Richtung thätig ist, arbeitet an der Einführung der Anarchie. Und der Umstand, dass es unter den in diesem Sinne Wirkenden noch unendlich Viele gibt, welche nichts von Anarchie (deren Sinn sie falsch auffassen) wissen wollen, ändert daran nichts. So mannigfaltig die Seitensprünge sind, welche solche Leute noch im Kampf um's allgemeine Menschenrecht zu machen pflegen – sie Alle schreiten, wenn auch unbewusst und auf Umwegen der Anarchie entgegen.

Es *kann* dies auch gar nicht anders sein. Denn entweder erkennt man die Archie an und darf sie dann nicht bekämpfen, oder man bekämpft sie, d. h. wirkt auf ihre Zerstörung hin und fordert demgemäss ihren Gegensatz, die Anarchie. Ein Zwischending ist gar nicht denkbar.

Die gegentheilige Annahme hätte auch niemals in irgend welchen Köpfen auftauchen können, wenn nicht die Menschen – konservativ, wie sie mehr noch in ihrer Ausdrucksweise, als in ihrem gesellschaftlichen Verhalten sind – stets geneigt gewesen wären, zur Bezeichnung neuer Begriffe alte Worte zu wählen.

Man spricht z. B. oft von Volksherrschaft, was eine Absurdität ist. Wenn das Volk wirklich herrscht, wer soll denn da beherrscht werden? Sobald das Volk keine Herrschalt mehr *über* sich duldet, ist es eben *frei;* es herrscht nicht und wird nicht beherrscht; jede Archie ist abwesend, und das, was man unter Volksherrschaft sich vorstellt, ist in Wirklichkeit die Anarchie oder *Nicht*herrschaft. Die Bezeichnung »rothe Republik«, »Volksstaat«, »sozialer Staat« u. dgl. sind nur Umschreibungen des Begriffes Volksherrschaft, denn der Staat ist ja nur die äussere Form, in deren Rahmen die Herrschaft zur Geltung kommt; wenn man aber vom Herrschen absieht, so ist dem Staat jede Wesenheit benommen, es bliebe der blosse Name zurück, was derselbe deckte, wäre wiederum nichts Anderes, als die Anarchie.

Weil dem so ist, hätten wir allerdings diese Ausführungen uns ersparen können, da es ja auf die Wesenheit der Dinge und nicht auf die Worte ankommt, mit denen man dieselben bezeichnet; indessen ist gerade um diese Bezeichnungen eine heftige Diskussion zwischen den bewussten und unbewussten Anarchisten im Gange, und demgemäss war eine Feststellung, wie wir sie soeben gegeben haben, wohl am Platze.

Wir haben schon angedeutet, dass die Archie (Herrschaft in jeder Form) nur ein politisches Mittel zu einem sozialen Zwecke ist, nämlich, dass sie errichtet wurde, um die ökonomische Ungleichheit, die Ausbeutung der Armen durch die Reichen, aufrecht erhalten zu können. Nicht minder ist die Aufhebung der Archie und die Errichtung der Anarchie nur ein Mittel zu einem höheren Zwecke, indem diese Transaktion die Vorbedingung zur Etablirung der sozialen Gleichheit bildet.

Diese Hauptsache übersehen die Widersacher der Anarchie geflissentlich, und, indem sie auf den von ihnen erzeugten Unverstand der Massen spekuliren, argumentiren sie mit hundert Kleinigkeiten zu Gunsten der Archie. Den Angelpunkt dabei bildet die Betonung des Verbrecherwesens. Wenn, sagen sie, keine Regierung und kein Gesetz mehr existirt, so kann auch kein Verbrechen mehr bestraft werden, Gut und Leben werden sich in stetiger Gefahr befinden und die allgemeinste Unordnung wird das Dasein äusserst unangenehm gestalten.

Diese Hexenmeister! Ganz munter praktiziren sie da die Auswüchse bestimmter Verhältnisse *ihrer* Gesellschaft in die Anarchie hinein, deren Basis gerade die *Abwesenheit* jener Zustände bildet.

Alle Verbrechen – allenfalls abgesehen von den Handlungen Unzurechnungsfähiger, also von krankhaften Erscheinungen – sind ja notorisch die Kinder des Privateigenthums-Systems, dessenthalben die Archie ihr Dasein führt. Dieses System bedingt einen wilden Kampf um's Dasein Aller gegen Alle. Herrschsucht und Habgier entwickeln sich da ganz naturgemäss auf der Seite der Besitzenden und spornen dieselben zum Verbrechen an, das allerdings in der Regel *ohne* Sühne bleibt, weil die Archie die Schärfe ihrer Gesetze wesentlich gegen eine andere Sorte von Verbrechen kehrt, nämlich gegen jene Thaten, die aus Noth und Rohheit zur Verübung kommen.

Freiheit und Gleichheit, d. h. die Zustände der Anarchie, heben aber diesen wüsten Kampf um's Dasein auf; Habgier und Herrschsucht sind da unmöglich; Noth, Elend und Verwahrlosung kommen in Wegfall, so bald Jedem ein normales Dasein ermöglicht, sowie Zeit und Gelegenheit zur Entwickelung seiner geistigen Fähigkeiten gegeben ist. Mit der Mutter des Verbrechens verschwindet aber dieses selbst und die ganze Kriminalgesetzgebung wird überflüssig.

Man blättere im Uebrigen in dem sogenannten Zivilrecht. Auch da ist lediglich von Mein und Dein die Rede – eine ganz natürliche Sache in einer Gesellschaft, welche aus lauter Individuen besteht, die sich gegenseitig so viel wie möglich über's Ohr zu hauen suchen, weil dies die einzige Möglichkeit ist, zu Reichthum und Macht zu gelangen, indem ja die jetzige Gesellschaft geradezu einen solchen Wettkampf zum normalen Verhältniss stempelt.

Wo Gleichheit und Freiheit (Anarchie) den Ton angibt, hört auch dieser Streit auf. Es bedarf keiner Gesetze mehr, denselben gleichsam schiedsrichterlich zu regeln.

Wenn mithin die Anarchie errichtet würde, ohne dass die Begründer derselben formell die Gesetzgebung nebst dazu gehöriger Exekutive abschafften, so kämen dieselben *doch* in Wegfall, weil sie nicht mehr angerufen und mithin alsbald für gänzlich zwecklos befunden würden. An eine solche Eventualität scheint auch *Engels* gedacht zu haben, als er schrieb, man brauche den Staat gar nicht ausdrücklich abzuschaffen, er schlafe unter dem Dasein einer wirklich freien Gesellschaft einfach ein.

Was des Weiteren über Gesetz und Regierung (Autorität) zu sagen ist, ergab sich bereits aus der in No. 8 der »Internationalen Bibliothek« veröffentlichten Abhandlung von *Krapotkin* über diesen Gegenstand.

Die in dieser Hinsicht geäusserten Bedenken halten also keinerlei logische Kritik aus.

Scheinbar viel gewichtiger sind die Argumente, welche gegen die Anarchie von einer Seite ins Treffen geführt werden, die dazu am wenigsten Ursache haben sollte. Alle unbewussten Anarchisten, nämlich die wie immer sonst benamsten Sozialisten, verwenden unglaublich viel Zeit und Kraft auf Bekämpfung der Anarchie, obgleich ihre Bestrebungen eigentlich auch auf völlige Freiheit und Gleichheit (Anarchie) abzielen, weil sie, wie wir bereits angedeutet haben, ihre Ideale mit falschen, altherkömmlichen Namen belegen, oder aber Wege wandeln, auf denen sie ihre Ziele nicht erreichen können.

Diese Leute behaupten vor Allem, die Anarchie bedeute das Gegentheil von Sozialismus, während in Wahrheit die Anarchie nichts weiter ist, als die denkbar vollendetste Form des Sozialismus.

Weil die Anarchisten die volle Freiheit der Einzelnen – das höchste Menschenglück-erstreben, behaupten die übrigen Sozialisten, ein solches Streben sei gegen die von ihnen befürwortete Verbrüderung der Gesammtheit. Als ob nicht die Letztere gerade die Unabhängigkeit der Individuen voraussetzte, da ohne diese an einen *freiwilligen* Zusammenschluss nicht zu denken ist, eine Zwangsbrüderlichkeit aber sich auf den ersten Blick als Absurdität erweist.

Einmal das diesbezügliche Streben der Anarchisten schief aufgefasst und ganz willkürlich als Individualismus im *heutigen* (egoistischen) Sinne des Wortes erklärt, ergeben sich die weiteren Konsequenzen verkehrter Argumentation ganz von selbst.

Dieselben reichen bis zu der Behauptung, dass die Anarchisten die Errungenschaften des modernen Produktionsprozesses ignorirten und eine isolirte (kleinbürgerliche) Gütererzeugung, also vollkommen reaktionäre Mucken im Kopfe hätten. Nichts Derartiges wird aber in den Büchern und Zeitungen der Anarchisten gepredigt, denn, wie gesagt, dieselben fühlen sich voll und ganz als Sozialisten, resp. als *Kommunisten*.

Es fällt den Anarchisten nicht ein, eine künftige Welt willkürlich konstruiren zu wollen; sie denken vielmehr daran, das Bestehende, das heisst die materielle Welt, wie sie sich bisher entfaltet hat, zu übernehmen und zum allgemeinen Besten anzuwenden.

Sie sind sich vollkommen klar darüber, dass die grössten Kulturfortschritte, welche bisher die Menschheit zu verzeichnen hatte, in der Theilung der Arbeit und in der Anwendung der Naturkräfte und der Mechanik bei der Gütererzeugung zu suchen sind. Kein Anarchist gedenkt dieselben rückgängig zu machen, sondern betrachtet es als eine Selbstverständlichkeit, dass auf diesem Gebiete eine stetige Entwickelung stattfinden muss.

Damit ist die Nothwendigkeit der *Organisation* der Arbeit, der Produktion mit *vereinten* Kräften, anerkannt. Und da die Unfreiheit der heutigen Volksmassen gerade in dem Umstände zu suchen ist, dass die zur organisirten Arbeit nöthigen Mittel (Land, Werkzeuge, Gebäude, Rohstoffe etc.) in den Händen von Privat- eigenthümern ruhen, so ergibt sich für die nach voller Freiheit (Anarchie) Strebenden daraus naturgemäss das Verlangen, alle diese Dinge in *gemeinsames* Eigenthum zu verwandeln, d. h. den Kommunismus zu erstreben.

Statt, wie ihre Stiefbrüder, die dem Namen nach nicht-anarchistischen Sozialisten, behaupten, Opponnenten des Kommunismus zu sein, fassen die Anarchisten denselben geradezu als die unerlässliche ökonomische Unterlage der zu erstrebenden freien Gesellschaft auf.

Der Streit zwischen ihnen und den Anhängern der älteren sozialistischen Schulen dreht sich nicht um die Frage, ob Kommunismus oder nicht – diese Frage wird einstimmig *bejaht* –, sondern um die *Form*, unter welcher der Kommunismus walten soll.

So weit die Kommunisten sich die (bereits als *hinfällig* charakterisirte) Staatsidee nicht aus dem Kopfe schlagen können, sind sie strikte *Zentralisten;* die Anarchisten, welche ausge- sprochenermassen von einem Staate der Zukunft Abstand nehmen, bekennen sich zum möglichst konsequent entfalteten *Föderalismus.* Und sie haben dazu ihre guten Gründe.

Eine zentralistisch organisirte kommunistische Gesellschaft mag – aller Staatsliebe ihrer Befürworter ungeachtet – keinen eigentlichen Staat vorstellen, allein sie würde ihrem ganzen Wesen nach eine stufenweise gegliederte Hierarchie von Wirthschaftsbeamten in sich bergen. Eine solche wäre nichts mehr und nichts weniger, als eine autoritäre Aristokratie, welche den Begriffen von Freiheit und Gleichheit schnurstracks zuwider liefe.

Bei dem von den Anarchisten erstrebten sozialen Föderalismus hingegen wäre eine solche Ueber- und Unterordnung ausgeschlossen und an deren Stelle waltete ein freiwillig eingegangenes Zusammenhandeln, das sich in tausendfältigen Spezialorganisationen bemerkbar machte, die wiederum in solchen Verbindungen zu einander stehen würden, wie sie die Zweckmässigkeit oder Notwendigkeit mit sich brächte. Eine eingehendere Darlegung über diesen Punkt haben wir bereits in der »Freien Gesellschaft« (I. B. No. 5) gegeben.

Wer sich dies Alles vor Augen hält, wird begreifen, dass die Verbissenheit, mit welcher die übrigen Sozialisten gegen ihren linken Flügel, die Anarchisten, ankämpfen, gar keinen rechten Sinn hat und dass die einschlägigen Streitfragen eigentlich niemals den Rahmen einer philosophischen Diskussion innerhalb ein und desselben Parteikörpers hätten überschreiten sollen.

Ebenso klar wird sich der aufmerksame Leser darüber sein, dass ohnehin die verschiedenartigen Schulen der Sozialisten, wenn sich erst ihre Ideen vollends abgeklärt haben, konsequenter Weise zur Anarchie sich bekennen und mithin *einen* Organisationskörper bilden müssen. Wesentlich beschleunigt dürfte obendrein dieser Verbrüderungs-Prozess durch die immer ärger sich entwickelnde Verfolgung werden, welcher die Anhänger jeder Art von Sozialismus in allen Ländern ausgesetzt sind.

Diese bringt es gleichfalls mit sich, dass auch in *taktischer* Beziehung die Differenzen früher oder später – hoffentlich aber bald ausgeglichen werden, derenthalben sich bisher die Anarchisten und sonstigen Sozialisten unablässig gegenseitig zerfleischten.

In dieser Hinsicht gingen ja die Ansichten noch viel weiter auseinander, als betreffs der Prinzipien.

Auf nichtanarchistischer Seite wurde der Schwerpunkt auf die Herbeiführung vermeintlich rasch zu erlangender kleiner Reformen (innerhalb der *jetzigen* Gesellschaft) gelegt. Ebenso setzte man ein grosses Vertrauen auf das allgemeine Stimmrecht. Alle Resultate, welche in diesen Beziehungen bisher erzielt wurden, waren im höchsten Grade entmuthigend. Positive Erfolge wurden gar nicht erlangt und der erwartete agitatorische Effekt blieb gleichfalls aus, weil Das, was allenfalls an Anhängern gewonnen wurde, nicht aufwiegen konnte was bei solchen unbestimmten Agitationen an prinzipieller Schärfe und Klarheit verloren ging.

Mehr und mehr stellte es sich klar und deutlich heraus, dass die herrschenden Klassen entschlossen sind, nicht die geringsten Konzessionen an die Arbeiter zu machen, und dass sie vielmehr mit wüthender Hast sich anschickten, jeden Rest von Freiheit und Recht dem Proletariat gesetzgeberisch zu entziehen, ja dasselbe ganz und voll zu Parias zu degradiren.

Der Stimmkasten verschlang riesige Opfer, welche die betheiligten Leute auf die Dauer nicht erschwingen konnten; auch dämmerte es in denselben auf, dass ihre Mittel besser angewendet wären, wenn sie eine direktere und prinzipientreuere Agitation damit betrieben.

Unter den Anarchisten gab es andererseits Viele, welche nur die allerextremsten Massregeln befürworteten, *ausschliesslich* der Propaganda der That das Wort redeten und weder von mündlicher Agitation, noch von Zeitungen etwas wissen wollten. Da indess die Propaganda der That nur da stattfinden soll, wo die entsprechenden Akte von den Volksmassen *beifällig* aufgenommen werden, so stellte es sich heraus, dass diese Art der Propaganda nicht überall betrieben werden *kann*.

Den Anarchisten blieb es nach wie vor klar, dass nur die *soziale Revolution* schliesslich zum Ziele führen werde, doch begriffen sie, dass man dieselbe beim besten Willen, trotz der grössten Opferwilligkeit und allem Enthusiasmus ungeachtet, nicht willkürlich vom Zaune brechen könne. Den ausser ihren Reihen stehenden Sozialisten drängte sich endlich auch die Ueberzeugung auf, dass der grosse Kampf zwischen Kapital und Arbeit nur in einer grossen, zur Unvermeidlichkeit gewordenen sozialen Revolution siegreich zu beenden sei. Ueber diesen Hauptpunkt hinsichtlich der Dinge, welche die nahe Zukunft in ihrem Schoosse birgt, stellte sich also eine einheitliche Denkweise ein; und wir gehen nicht zu weit, wenn wir sagen, dass es gegenwärtig wohl keinen einzigen Sozialisten mehr gibt, welcher an die Lösung der sozialen Frage auf friedlichem Wege glaubt und in dem Wahne befangen ist, dass die Revolution vermieden werden könne.

Zwischen den beiden vorerwähnten Extremen der Taktik – Wahlpolitik einerseits und Propaganda der That andererseits – liegt gleichfalls ein Agitationsmoment, dessen Kraft und Zweckmässigkeit sowohl vom Gros der Anarchisten, als auch von den meisten der übrigen Sozialisten immer entschiedener gewürdigt wird. Es ist das die wirkliche Verbreitung jener Grundsätze, um welche es sich beim Emanzipationskampf des Proletariats handelt. Die indirekten Propaganda-Wege werden mehr und mehr verlassen und die Lehre von der sozialen Revolution, vom Kommunismus und (auf unserer Seite) auch von der Anarchie wird durch Wort und Schrift ohne Umschweife vorgetragen.

Damit ist aber nicht gesagt, dass alle sonstigen Propaganda-Mittel *gänzlich* unbeachtet bleiben. Man ist nur von allen Ausschliesslichkeiten abgekommen und hat ausgefunden, wo und wie diese und jene Massregeln mit Aussicht auf Erfolg ergriffen werden können. Die gemeinsame Parole der Sozialisten jeglicher Spielart lautet daher heutzutage im Grunde genommen: Kampf gegen das Bestehende mit *allen* Mitteln!

Wenn es sich auch vor Augen hält, von welch' einer *riesigen* Gewalt die Träger der heutigen Gesellschaft umgeben sind, und wie wohl dieselbe organisirt ist, so *muss* es ja dem revolutionären Proletariat endlich einleuchten, dass es ein *Verbrechen* wider sich selbst begeht, wenn es nicht alle seine Kräfte zusammenfasst, um in erster Linie an der *Zerstörung des Bestehenden* zu arbeiten.

Die besitzenden und herrschenden Klassen mögen sich Konservative oder Liberale, Klerikale oder Freidenker, Schutzzöllner oder Freihändler, Edelleute oder Demokraten, Imperialisten oder Republikaner nennen – ihre diesbezüglichen Partei- und sonstigen Differenzen hindern sie gewiss nicht im Geringsten, sich als Eigentümer in feindlichem Gegensatz zu den Besitzlosen *solidarisch* zu fühlen.

Jeder einzelne Bourgeois betreibt seinen Klassengenossen gegenüber einen Konkurrenzkampf auf Tod und Leben; wenn es aber darauf ankommt, Stellung zu nehmen hinsichtlich des Proletariats, so weiss jeder Bourgeois, dass er Schulter an Schulter mit seinen Konkurrenten die von ihm und diesen gemeinsam eingenommene Position als Eigentümer im Rahmen des jetzigen Systems zu verteidigen hat.

Man ziehe durch alle Länder – ob sie monarchisch oder republikanisch organisirt sind – und beobachte, wie man in den Kreisen der Bourgeoisie über die Arbeiterbewegung denkt! Man wird wahrnehmen, dass schon das leiseste Verlangen der Arbeiter nach Besserung ihrer Lage eine Wuth in den Kreisen der Besitzenden erweckt, gegen welche die aus irgend welchen Privatgründen empfundene Feindseligkeit wider einen Klassengenossen sich wie zärtlichste Sanftmut ausnimmt. Vom hundertfältigen Millionär bis zum Spiessbürger, der etwa etliche »Lehrlinge« ausbeutet, besteht da nur eine einzige ungebrochene Kette von rasenden Menschen. Die Leidenschaft, welche da entwickelt wird, lässt keinen Schluss auf verständiges Handeln zu; man sieht nur noch thierische Instinkte – die Instinkte der Eigentumsbestie – walten. So sehr steckt das Bewusstsein, besitzend und *deshalb* berechtigt zu sein, die Nichtbesitzenden so entschieden wie möglich auszubeuten, jedem Bourgeois gleichsam in allen Knochen, dass ihm der blosse Gedanke der Arbeiter, wider die Ausbeuterei zu opponiren, als todeswürdiges Verbrechen erscheint.

Können die Proletarier dieses Verhältniss nicht bemerken? Können insbesondere die Sozialisten, welche sich doch rühmen, das Wesen der bürgerlichen Gesellschaft studirt und durchschaut zu haben, nicht einsehen, dass diese kompakte Klassenstellung der Bourgeoisie gegenüber der Arbeiterbewegung auch ihrerseits ein ganz festes, geschlossenes Massen-Auftreten erheischt, wenn ernsthaft an Kampf und Sieg gedacht werden soll?

Weiters sollte man in der Arbeiterwelt seine Blicke niemals abwenden von den ungeheuerlichen militärischen, polizeilichen und richterlichen Apparaten, welche der Bourgeoisie im Streite mit dem Proletariat zur Verfügung stehen. Man sollte daneben auch die volksfeindlichen Machinationen der schwarzen Gensdarmerie und der reaktionären Presse nicht vergessen, welche gleichfalls der herrschenden Klasse zu Gute kommen.

Wer alle diese Verhältnisse in's Auge fasst, der kann die *Archie* – die auf Ausbeutung der Armen durch die Reichen ausgehende Herrschaft – nur als ein ungetheiltes und untheilbares Ganzes, als eine Weltorganisation der Minoritäts-Gewalt, unter deren Streichen sich die Majorität der Menschheit krümmt und windet, wahrnehmen.

Dieser Umstand sollte endlich auch die naturgemässen Opponenten der Archie – die Anarchisten – veranlassen, ihr ganzes Thun und Lassen in erster Linie im Hinblick auf ihre *Klassen*-Stellung in der Gesellschaft zu reguliren.

Wir haben schon gezeigt, wie wenig verschieden die Bestrebungen der bewussten und der unbewussten Anarchisten von einander sind und wir gehen nicht zu weit, wenn wir behaupten, dass die Einzelninteressen der Besitzenden viel weiter auseinandergehen, als die Interessen der einzelnen Besitzlosen. Wenn trotzdem die Reichen in allen Klassenangelegenheiten so fest zusammenhalten, wie wir vorhin konstatirten: weshalb soll nicht ein gleich starker Klassengeist auch das Proletariat, insbesondere die kämpfende Vorhut desselben, beseelen können?

Oft kommt es uns vor, als ob die Ursache des Zwistes unter Denen, welche ein Herz und eine Seele sein sollten, und deren innigster Zusammenhalt die Voraussetzung für ihren Sieg bildet, nichts Anderes sei, als die Gespensterfurcht vor *Worten*.

Thatsächlich ist es nicht der *Begriff,* sondern nur das *Wort* Anarchie, wovor sich die meisten Sozialisten älterer Couleur fürchten. Für sie schreiben wir jedoch dieses Heftchen ganz speziell, und wir wollen daher auch schulmeisterlich zu Werke gehen.

Alles, was solch' ein Mensch abzustreifen hat, um als fix und fertiger Anarchist dazustehen, das ist ja nur der Rest von Staatsidee, welcher den vor der Anarchie entsetzten Sozialisten anhaftet. Deshalb ventiliren wir mit denselben den Werth dieser Idee Schritt für Schritt.

Was ist denn das höchste Glück des Menschen! Die grösstmögliche individuelle Freiheit, d. h. die Möglichkeit, alle seine geistigen und körperlichen Bedürfnisse nach allen Richtungen hin zu befriedigen. Eine solche individuelle Freiheit wird aber selbstverständlich nicht weiter gehen können, als bis dahin, wo die Ausübung derselben Anderen schadet, sonst lände eine Beherrschung des Menschen durch den Menschen statt. Ebenso sind viele menschheitliche Zwecke in einer zivilisirten Gesellschaft nicht erreichbar durch einzelne Individuen; sie können zu denselben nur gelangen, wenn sie sich an andere Individuen, die dieselben Neigungen haben, anschliessen. Aber ist denn damit gesagt, dass ein System existiren müsse, wo der einzelne

Mensch auf ein *Diktat* hin gleichsam in einer Schachtel oder Abtheilung eines zentralisirten Staats existiren muss, in die er hineingesteckt wird, und wo eine höhere Macht bestimmt, was er von der Geburt bis zum Grabe zu thun hat! Das wäre doch das reinste Austern-Dasein.

Was bei einem gesunden System, wobei die individuelle Freiheit des Einzelnen und diejenige Aller zugleich gewahrt ist, notwendig bleibt, das ist lediglich der Abschluss *freier Gesellschafts-verträge!* Es braucht nicht eine Vorsehung von oben herab Alles zu leiten, sondern es ist nur nöthig, dass von *unten* herauf entsprechend gehandelt wird. Bis jetzt liefen alle öffentlichen Organisationen im *Zentrum* zusammen und die breite Peripherie glich einem Uhrwerke, das man aufzieht und mechanisch wieder ablaufen lässt. Bei einem vernünftigen, nämlich bei einem anarchistischen (Herrschaftslosigkeits-)System, würde der Schwerpunkt umgekehrt in der *Peripherie* hegen.

Das *Naturgemässe*, das Gesetz der Schwere, welches so lange ausser Acht gelassen worden, würde wieder zur Geltung kommen. Das Knechtschaftssystem, das die Welt bisher verunstaltet hat, müsste verschwinden.

Was wird beim Aufbau einer solchen Gesellschaft die wesentlichste Streitfrage sein? Einfach ob man *ausser* der Gesellschaft noch einen *Staat* (ein höheres *Macht*-Instrument) brauche oder nicht? Die Sache ist leichter beantwortet, als Viele glauben. Wir brauchen uns nur zu vergegenwärtigen, was der Staat bisher war. Ist derselbe vielleicht etwas Natürliches, etwas immer Dagewesenes?

Er ist, wie schon gezeigt, etwas historisch Gewordenes, und er ist bisher stets dazu angewendet worden, einer Clique von Menschen die Herrschaft über die Masse zu sichern.

Zerschlagen wir daher den Staat in Stücke! Das Hauptrad in dem Räderwerk des bisherigen Staats ist der Militarismus. Wer will behaupten, dass derselbe in einer freien Gesellschaft auch einen Freiplatz haben werde? Für so lange freilich, als die alte Gesellschaft noch nicht ganz *vernichtet* ist, werden die Proletarier allerdings sozusagen in der einen Hand das Werkzeug und in der andern das Schwert führen müssen. Das ist jedoch die Revolutionsepoche. Auch ist Volksbewaffnung und Staats-Soldateska wahrlich nicht ein und dasselbe. Und so bald einmal der Friede hergestellt, d. h. aller Archie der Garaus gemacht ist, verschwindet auch jeder Rest von militärischen Einrichtungen.

Das zweite grosse Rad in jenem mächtigen Getriebe, zwischen dessen Rädern bisher Tausende zerquetscht wurden, ist die wohlorganisirte Polizei.

Wer will aber behaupten, dass in *unserer* Gesellschaft noch Tausende von Spitzeln, Gensdarmen und Spionen nöthig sind, die das Volk an den Strassenecken anschnautzen, überall aushorchen und malträtiren? Die Gesellschaft *freier* Menschen wird das Institut der Polizei nicht kennen!

Die Büreaukraten, d. h. das übrige Beamtenpack, das ja auch nur die Aufgabe zu haben scheint, die Menschen von der Wiege bis zum Grabe zu schinden, kann ebenfalls mit dem Schwamme der Geschichte ausgewischt werden. Diese Drohnen werden auf unsere Kosten gefüttert, ohne dass wir irgend einen Nutzen von ihnen haben. Der thätige Mensch lernt sie nur kennen, wenn er verklagt, eingesperrt, besteuert oder sonstwie geschuhriegelt wird.

Auch die heutige Justiz ist nur dazu da, um der Eigenthumsbestie den Raub, den sie am Volke verübt hat, zu sichern. Die Sozialisten wissen, dass alle Verbrechen, die heute geschehen, zurückzuführen sind auf schlechte Erziehung, d. h. Verwahrlosung, und auf Eigenthumslosigkeit, unter welcher das Volk schmachtet. Es ist jedem Gefängnissbeamten bekannt, dass zur Winterszeit, wenn die Geschäfte schlecht gehen, mehr Leute in's Gefängniss kommen, als sonst. Namentlich während schwerer Krisen mehren sich die »Verbrechen« wider das Eigenthum. Nach einem Krieg nehmen die Angriffe auf das Leben der Menschen überhand. Alle Verbrechen resultiren mithin aus den Zuständen, unter denen wir jetzt leben. Sie sind nichts weiter, als eine der entsetzlichen Konsequenzen unserer heutigen Gesellschaft, die sich nicht schämt, sich eine zivilisirte zu nennen. Hinweg mit dieser Gesellschaft, und es wird keine Verwahrlosung und keine Verbrechen mehr geben.

Der heutige Staat, theils direkt, wie in Europa, theils indirekt, wie in Amerika, hat noch ein anderes Rad: den Kultus. Glaubt man aber vielleicht, dass in der zukünftigen Gesellschaft, wo das Volk allgemein gebildet ist, und wo die Menschheit zum ersten Male frei sein wird, Raum wäre für die schwarzen Gensdarmen von heute! Nichts könnte unsinniger sein. Der Kultus der Zukunft kann in nichts Anderem bestehen, als in dem Kultus der Vernunft, des Schönen und Edlen, im Wetteifer der Menschen, sich um das Gemeinwohl verdient zu machen. Und das zu bewirken, brauchen wir keinen Extra-Staat; das kann sehr wohl in allen sonstigen gesellschaftlichen Organisationen, in den Kommunen und Gruppen bewerkstelligt werden.

Die Schule bleibt nur noch übrig. Sie ist, wie ein Lehrer Namens Sack sehr richtig sagt, heute auch nur ein Institut »im Dienste *gegen* die Freiheit.« Es lässt sich zwar annehmen dass an Stelle der schlechten eine gute Schule gesetzt werden könnte. Aber hiefür ist ein Extra-Staat schon gleich gar nicht nöthig. Wir würden sogar eine solche Staatsschule für schädlich erachten. Jemehr Zentralisation auf dem Gebiete des Schulwesens herrscht, desto mehr Spielraum für Schablonisirung und Konservatismus ist gegeben. Die Kommunen und sonstigen kleinen Organisationen, freier Vereinigungen, die auf Grund von Gesellschaftsverträgen zu Stande gekommen, würden viel mehr geeignet sein, das Schulwesen in die Hand zu nehmen, als der Staat, und zwar schon deshalb, weil das Volk über diese Organisationen eine vollständige Kontrolle hat.

Es bleibt nun nichts mehr übrig, als die verschiedenen ökonomischen Einrichtungen. Diese haben aber mit dem Staate als solchem absolut nichts zu schaffen. Der Staat eignete sich solche bisher nur an, um sich Einnahmequellen zu eröffnen.

Der alte Staat wäre somit beseitigt. Jetzt kommen wir an den neuen! Aber weshalb denn neuen Wein in alte Schläuche giessen? Weshalb zu Freiheitszwecken einen Mechanismus benützen wollen, der lediglich zur Knechtung der Massen durch Wenige erfunden worden? Staat und Volk kann man nicht *identifiziren*, wie dummer Weise oft geschieht. Beide haben nichts mit einander zu thun. Wir wollen, dass das Volk frei sei, und erstreben deshalb die Sprengung der staatlichen Fesseln, in denen es eingezwängt ist.

Wir haben demgemäss nicht allein die Absicht, den Staat zu vernichten, sondern auch die Träger desselben. Die Revolutionäre haben das Verlangen, alle Unterdrücker hinwegzufegen und sie den Weg wandeln zu lassen, den bisher die Reaktion den Revolutionären angewiesen hat, so oft die Letzteren im Kampfe um die allgemeine Menschheit erlagen.

Es würde sich vor allen Dingen bei unserem Neubau der Gesellschaft, wenn man noch vom Staat sprechen wollte, um die Frage handeln: wie gross soll denn der Staat werden? Wir sind international und würden mithin zu dem Schlüsse gelangen, dass die ganze Bevölkerung der Erde einem Gemeinwesen angehören solle. Die zentralisirte Gewalt würde eine ungeheure sein und würde uns früher oder später zu neuem Despotismus führen.

So gross brauchten wir ja den Staat nicht zu machen, wird man einwenden. Sollen wir denn das internationale Prinzip aufgeben, auf die alten Grenzen zurückfallen, national werden? Da wäre das ungeheure Russland, daneben die kleine Schweiz oder nur ein Kanton derselben, also eine Ungleichheit, welche an sich schon beweist, dass die Staaten in Bezug auf ihre Grösse nur Produkte einer rein zufälligen historischen Entwickelung waren.

Die meisten Staatssozialisten wollen ihre Liebhaberei nur noch damit retten, dass sie dieselbe als Uebergangsstadium reklamiren. Ein solches wäre aber schon an und für sich der reine Mord; uns ist es indessen vollkommen klar, dass auf die soziale Revolution nicht eine *langsame* Umwandlung des Kapitalismus zum Kommunismus und Anarchismus Platz greifen kann, sondern dass vielmehr Alles *augenblicklich* mit rücksichtsloser Gewalt zu Gunsten unserer Prinzipien gestaltet werden muss, wenn nicht der ganze Kampf rein umsonst gewesen sein soll.

Konfiskation des gesammten Kapitals durch die gewissermassen als Welteroberer auftretenden Revolutionssoldaten und sofortige Ausrottung der Bourgeoisie, Aristokratie und Pfaffheit – das oder nichts muss die Loosung sein. Wir wenigstens pfiffen schon heute auf jeden Kampf, wenn wir nicht glaubten sicher sein zu dürfen, dass dies das Ende vom Liede sei. Alles Andere wäre der reine Schwindel.

Tritt aber dieser Fall ein, d. h. belegt das Proletariat alle Resultate früherer Arbeit mit Beschlag, um auf Grund derselben die kommunistische Organisation der Arbeit vornehmen zu können, und füttert es die Drohnen und Parasiten der Gesellschaft – nach deren eigenem Rezept – rechtzeitig mit Pulver und Blei, so ist jede Staatlerei einfach Blödsinn, wenn nicht Schlimmeres.

Uebrigens sind sich alle wirklich grossartig denkenden Geister längst darüber klar gewesen, dass ohne individuelle Freiheit kein vollkommenes Gesellschafts-Verhältniss möglich ist, und dass sich weder das Vorhandensein irgend eines Staates, noch überhaupt ein Repräsentativsystem mit wirklicher Freiheit verträgt.

John Stuart Mill sagt:

>»Der einzige Theil seines Verhaltens, für den Jemand der Gesellchaft Rechenschaft schuldet, ist der, welcher *Andere* betrifft. Ueber sich selbst, über seinen Geist und Körper ist der Einzelne *souverän!*«

Heine legt seinem Ratcliff folgende Worte in den Mund:

>»O seht mir doch die klugen, satten Leute,
>Wie sie mit einem Walle von Gesetzen
>Sich wohlverwahret gegen jeden Andrang
>Der schreiend überläst'gen Hungerleider!
>Weh' Dem, der diesen Wall durchbricht!
>Bereit sind Richter, Henker, Stricke, Galgen, –
>Je nun! Manchmal gibt's Leut' die das nicht scheu'n.«

In *Börne's* Schriften lesen wir:

>»Sobald ein Mensch geboren wird – gleich umstellen und umlauern ihn die Mutter, die Amme, der Vater, die Wärterin; später kommt der Lehrer, später der Polizeimann dazu. Die Mutter bringt ein Stückchen Zucker, die Amme ein Mährchen, die Wärterin eine Ruthe, der Vater den Vorwurf, der Lehrer den Stock, der Staat seine Ketten, sein Henkerbeil. Und zeigt sich eine Kraft, rührt sich, stammelt eine Kraft – gleich wird sie fortgeschmeichelt, fortgepredigt oder fortgezüchtigt. So werden wir wohlerzogene Menschen, so bekommen wir schöne Talente. Wissen sie, was ein »grosses Talent« heisst? Ein Talent ist eine grosse fette Gansleber. Es ist eine Krankheit; der Leber wird das ganze arme Thier aufgeopfert. Wir werden in einen engen Stall gesperrt, dürfen uns nicht bewegen, dass wir fett werden; wir werden getopft mit moralischem Welschkorn und gelehrten Nudeln, und dann schnaufen wir und ersticken fast vor Moral, Gelehrsamkeit und Polizeifurcht, und dann kommt eine alte Köchin von Regierung, betastet uns, lobt uns, schlachtet uns, rupft uns und benutzt unsere schönen Talente. Was nur an uns stirbt, möchte ich wissen; ich möchte wissen, was nur der Tod an uns zu holen findet! Aber der Tod ist ein armer Hund; nichts als Knochen ein ganzes Leben lang – selten dass ihm ein voller Mensch herabfällt.«

Pnoudhon wurde einmal darüber befragt, welche Regierungsform er bevorzuge. Da entwickelte sich der nachstehende Dialog:

>»Welche Regierungsform werden wir vorziehen? – Wie, können Sie noch fragen? erwidert mancher meiner jungen Leser, Sie sind ein Republikaner! – Republikaner, ja; aber dieses Wort bezeichnet nichts. *Res publica,* das ist die öffentliche Angelegenheit; also Jeder, der die öffentliche Angelegenheit fördern will, kann sich Republikaner nennen. Die Könige sind ebenfalls Republikaner. – Nun wohl, Sie sind Demokrat? – Nein. – Wie? Sie wären Monarchist? – Nein. – Konstitutioneller? – »Gott«

möge mich davor bewahren! –Also sind Sie Aristokrat? – Keineswegs. – Sie wollen eine gemischte Regierungsform? – Noch weniger. – Was sind Sie also denn? – Ich bin Anarchist.«

Victor Drury argumentirt sehr richtig so:

»Die Selbstherrlichkeit (Souveränität) der Individualität ist Freiheit; Freiheit ist Ordnung und Sicherheit, denn ohne dieselben wäre keine Freiheit vorhanden. Während Freiheit die Verneinung jeglicher Regierung bedeutet, versteht es sich ganz von selbst, dass da, wo Herrschaft existirt, Unterdrückung vorhanden sein muss – allerlei Gefahr und Unordnung. So ist es also nicht das Wort Anarchie, sondern das Wort Regierung, welches Abwesenheit von Ordnung und Sicherheit bedeutet. Die Autoritätsanbeter werden sagen, das sei lediglich paradox; es ist aber einfach logisch.«

Otto Rotzen brachte des Pudels Kern in nachstehende Verse:

»Ein Tempel wird gethürmt von Menschenleibern,
Man heisst ihn Staat, um Staat mit ihm zu machen,
Wer fragt danach, was Stein und Mörtel fühlen?
Nicht Menschenwohl gehöret zu den Zielen
Von Staatengründern und von Völkertreibern,
Der Moloch Staat verschlingt's in seinem Rachen,
»Gott« musste seinetwegen Menschen machen.«

Selbst *Friedrich Engels* kann nicht umhin, für den Anarchismus eine Lanze zu brechen, und zwar mit folgenden Worten:

»Der Staat ist nicht von Ewigkeit her. Es hat Gesellschaften gegeben, die ohne ihn fertig wurden, die von Staat und Staatsgewalt keine Ahnung hatten. Auf einer bestimmten Stufe der ökonomischen Entwickelung, die mit Spaltung der Gesellschaft in Klassen nothwendig verbunden war, wurde durch diese Spaltung der Staat eine Nothwendigkeit. Wir nähern uns jetzt mit raschen Schritten einer Entwickelungsstufe der Produktion, auf der das Dasein dieser Klassen nicht nur aufgehört hat, eine Notwendigkeit zu sein, sondern ein positives Hinderniss der Produktion wird. Sie Werden fallen, ebenso unvermeidlich, wie sie früher entstanden sind. Mit ihnen fällt unvermeidlich der Staat. Die Gesellschaft, die die Produktion *auf (Grundlage freier und gleicher Assoziation der Produzenten* neu organisirt, versetzt die ganze Staatsmaschine dahin, wohin sie dann gehören wird: in's Museum der Alterthümer, neben das Spinnrad und die bronzene Axt.«

Memme du Camp, ein reaktionärer Schriftsteller, sagt:

»Ist es möglich, dass die alte Hydra der Anarchie, nachdem man sie in der Literatur, in der Malerei und in der Skulptur zu Boden geschmettert hat, immer noch nicht todt ist? Ich glaube fast, dass man sie nicht recht verstanden hat. Sie ist hässlich, das gestehe ich von ganzem Herzen zu, aber könnte nicht diese Hässlichkeit nur eine Maske sein? Lasst sie uns kühn abreissen, und dahinter finden wir vielleicht das träumerische Antlitz jenes ewigen Jünglings, des Fortschritts. Ach! war nicht Galiläi ein Anarchist? Die Gesellschaft gleicht gewissermassen einem Weibe. Eines Tages verliert sie ihre Formenschöne, ihr Gesicht verändert sich, ihre Gesundheit wird schwankend; sie fühlt grosse Schmerzen in ihrem Innern, sie weint, sie betet, sie verzweifelt; sie glaubt sterben zu müssen; und plötzlich bringt sie ein weinendes Kind zur Welt, das sie stolz und glücklich macht, und das vielleicht in der Zukunft ein Erlöser der Menschheit wird.«

Schon *Pytagoras* sagte:

> »Ein Volk, das Gesetze braucht, ist nicht werth, in Freiheit zu leben.«

Thomas Payne nagelte folgende Wahrheiten fest:

> »Ein grosser Theil dessen, was wir Regierung nennen, ist im Grunde genommen nichts weiter als Anmassung und Unverschämtheit .... Je höher die Zivilisation, desto weniger Grund für Regierung, weil zivilisirte Menschen sich selbst regieren ... Alle grossen Gesetze, deren die Gesellschaft bedarf, sind *Naturgesetze*, für deren Befolgung man keiner Regierungsgewalt bedarf. Man befolgt sie, weil das in unserem *Interesse* liegt .... Was immer die scheinbare Ursache von Aufständen sein mag, die wirkliche ist stets Unzufriedenheit .... Das Regierungsgeschäft ist seit Menschengedenken von den Unwissendsten und Schuftigsten der menschlichen Rasse monopolisirt worden.«

In *Richard Wagner's* nachgelassenen Papieren finden sich unter Anderem folgende Sätze:

> »Freiheit heisst: keine Herrschaft unter uns dulden, die gegen unser Wissen und Wollen ist.

Nur, wenn wir uns für unwissend und willenlos halten, könnten wir eine Herrschaft über uns, die uns das richtige Wissen und Wollen gebietet, uns als nützlich denken.. Eine Herrschaft dulden, von der wir annehmen, dass sie das Richtige nicht weiss und will, ist knechtisch.«

Wagner sagt also, mit anderen Worten, dass nur Dummköpfe und willenlose Menschen – Charakter-Jämmerlinge – eine Herrschaft (Archie) ertragen können, während sich der gesunde Menschenverstand und ernstes Wollen dagegen sträuben.

»Der wahre Mann,« sagt *Shelley*, »will nicht befehlen, nicht gehorchen! Gewalt ist eine Pestilenz, die Alles frisst, was sie berührt; Gehorsam ist der Tod des Genius, der Tugend, Wahrheit, Freiheit; Gehorsam macht aus Menschen Sklaven, Gehorsam ist der Feind selbst edler Thaten und macht aus Leib und Seele Automaten.«

Karl Heimen lässt sich über unseren Gegenstand so aus:

> »Ja, der Mensch allein kennt Verbrechen und das Ungeheuer, womit er diese Sprösslinge seines sittlichen Bedürfnisses zur Welt bringt, heisst das Gesetz, welches in seiner höchsten Vollendung auftritt als Strafgesetz. Was ist dies Gesetz? Einfach eine Bestimmung, unter welchen Umständen ein Mensch eingekerkert oder vertrieben oder gehängt werden soll. Dies Einkerkern oder Vertreiben, dies Köpfen oder Hängen würde als tyrannische Willkür oder blutdürstige Barbarei ausgelegt werden, wenn es zur Sicherung der Gesellschaft vor ihren gefährlichsten Feinden auf Geheiss einer Versammlung der besten Menschen erfolgte; aber es ist unter allen Umständen Nothwendigkeit und Gerechtigkeit, wenn es erfolgt im Namen eines »Gesetzes«, das die Schlechtesten gemacht haben. Ausserhalb des Gesetzes kein Verbrechen; innerhalb des Gesetzes keine Tugend. Sei ein Scheusal und du kannst ein »Heiliger« werden, wenn dich das Gesetz nicht trifft; sei ein »Heiliger« und du wirst zum Scheusal, wenn du unter das Gesetz kommst. Das Gesetz allein gibt den Handlungen ihren Stempel, und wer gibt das Gesetz? Wer die Gewalt dazu hat. Wer die Gewalt hat, einzukerkern und zu morden ohne die Gefahr der Wiedervergeltung, der gebietet und verbietet, belohnt und bestraft was ihm behebt, und das nennt er Gesetz und die Uebertretung dieses Gesetzes nennt er Verbrechen. Es hat nicht das Gesetz die Gewalt geschaffen, die es ausübt, sondern die Gewalt hat das Gesetz geschaffen, das ihr dient. Damit aber der Vernunft alle Versuchung vergehe, die Weisheit und Gerechtigkeit der Gewalt und ihres Gesetzes anzufechten, steht dieser zur Seite die Beherrscherin aller Vernunft, die Religion. Sie krönt die Gewalt, spricht ihren Segen

über das Gesetz, ihren Fluch über das Verbrechen und nun hat aller Widerspruch
ein Ende wie alles Bedenken. Jetzt mag die Kerkerthüre in's Schloss fallen, das Blut
fliessen und die Flamme prasseln – das Gesetz ist vollstreckt, das Verbrechen ist ge-
sühnt und die göttliche Ordnung ist hergestellt bis wieder ein neuer Kerker geöffnet,
ein neues Blutgerüst aufgeschlagen und ein neuer Scheiterhaufen errichtet ist.«

Wir könnten noch mit einem Buch voll ähnlicher Zitate dienen und damit beweisen, dass von
jeher jeder grosse Geist die Anarchie verkündete. Wer ist beschränkt genug, trotz alledem vor
diesem Ideale sich zu fürchten?

John Most.

Die Gottespest

Unter allen Geisteskrankheiten, welche »der Mensch in seinem dunklen Drange« sich systematisch in den Schädel impfte, ist die Gottespest die allerscheuslichste.

Wie Alles eine Geschichte hat, so ist auch diese Seuche nicht ohne Historie; nur schade, dass es mit der Entwickelung von Unsinn zum Verstand, wie sie im Allgemeinen aus dem Historismus oft gefolgert wird, bei dieser Art Geschichte ganz gewaltig hapert. Der alte Zeus und sein Doppelgänger, der Jupiter – das waren noch ganz anständige, fidele, wir möchten sagen gewissermassen aufgeklärte Kerle, verglichen mit den jüngsten Drillingssprossen am Stammbaume der Götterei, welche sich, bei Licht besehen, an Brutalität und Grausamkeit getrost mit Fitzliputzli messen können.

Wir wollen übrigens mit den pensionierten oder abgesetzten Göttern überhaupt nicht rechten, denn die richten keinen Schaden mehr an. Die noch amtierenden Wolkenverschieber und Höllen-Terroristen des Himmels aber wollen wir dafür desto respectloser kritisieren, blamiren und abführen.

Die Christen haben einen dreifältigen Gott; ihre Vorfahren, die Juden, begnügten sich mit einem einfältigen. Sonst sind beide Gattungen eine recht heitere Gesellschaft. »Altes und neues Testament« bilden für sie die Quellen aller Weisheit; daher muss man diese »heiligen Schriften« wohl oder übel lesen wenn man sie durchschauen und verlachen lernen will.

Greifen wir nur die »Geschichte« dieser Gottheiten heraus, so genügt das eigentlich schon zur Charakteristik des Ganzen vollkommen. In kurzem Abriss ist die Sache nämlich die:

»Im Anfang schuf Gott Himmel und Erde.« Er befand sich mithin zunächst im allgemeinen Nichts, wo es allerdings nüchtern genug ausgesehen haben mag, um sich als Gott darin zu langweilen. Und da es für einen Gott eine Kleinigkeit ist, aus Nichts Welten hervor zu zaubern, wie ungefähr ein Taschenspieler Hühnereier oder Silberthaler aus dem Aermeln schüttelt, so »schuf« er »Himmel und Erde.« SPÄTER drechselte er »Sonne, Mond und Sterne« zurecht. Gewisse Ketzer, so man Astronomen nennt, haben zwar längst festgestellt, dass die Erde weder Mittelpunkt des Universums ist, noch je gewesen sein kann, noch überhaupt zu existiren vermochte, bevor die Sonne, um welche sie sich dreht, da war. Diese Leute haben nachgewiesen, dass es ein reiner Blödsinn ist, von »Sonne Mond und Sternen« und *daneben* von der Erde zu reden, als ob dieselbe, verglichen mit Ersteren, etwas ganz Spezielles und Uebergewichtiges wäre. Sie haben es längst jedem Schulbuben eingepaukt, dass die Sonne auch nur ein Stern, die Erde aber ein Trabant der Sonne, der Mond sozusagen ein Untertrabant der Erde ist, nicht minder, dass die Erde, verglichen mit dem Weltganzen, weit entfernt, eine hervorragende Rolle zu spielen, umgekehrt kaum wie ein Sonnenstäubchen sich ausnimmt.

Was hat sich ein Gott um Astronomie zu kümmern? Er macht, was er will und pfeift auf Wissenschaft und Logik. Aus diesem Grunde hat er auch nach seiner Erdenfabrikation zuerst das Licht und HERNACH die Sonne gemacht. Selbst ein Hottentotte kann heutzutage einsehen, dass ohne Sonne auf der Erde kein Licht sein kann; aber Gott – hm! der ist ja kein Hottentott.

Aber hören wir weiter! Die »Schöpfung« war so weit ganz gelungen, aber es war immer noch kein rechtes »Leben in der Bude.« Der Schöpfer wollte sich amüsiren. Daher machte er endlich Menschen. Er wich dabei merkwürdiger Weise ganz von seiner zuvor angewandten Praxis ab. Statt diese »Schöpfung« durch ein einfaches »Es werde!« zu bewerkstelligen, machte er ungemein viele Umstände beim »Schaffen.« Er nahm eine ganz prosaischen Lehmkloss zur Hand, modellirte daraus »nach seinem Ebenbilde« eine Mannesfigur und »blies derselben eine Seele ein.« Da aber Gott allweise, gütig, gerecht, kurzum die Liebenswürdigkeit selber ist, so leuchtete ihm ein, dass dieser Adam, wie er sein Fabrikat nannte, sich allein ungemein langweilen dürfte. (Vielleicht erinnerte er sich dabei an sein vormaliges langweiliges Dasein im Nichts). Und so erzeugte er denn eine ganz nette, reizende Eva. Hier hatte ihm indessen offenbar die Erfahrung gelehrt, dass die Bearbeitung von Lehmklössen eben doch für einen Gott ein gar zu unreinliches Geschäft sei, weshalb er eine neue Fabrikationsmethode in Anwendung brachte. Er riss dem Adam eine Rippe aus und verwandelte dieselbe – Geschwindigkeit ist keine Hexerei, am allerwenigsten für eine Gott – in ein niedliches Frauenzimmer. Ob die herausgenommene Rippe Adams später wieder ersetzt wurde, oder ob nach der stattgehabten Operation Adam als einseitiger Mensch herum laufen musste, davon schweigt des Sängers Höflichkeit.

Die moderne Naturwissenschaft hat festgestellt, dass sich Thiere und Pflanzen im Laufe von Millionen von Jahren aus einfachen Urschleimgebilden in den mannigfaltigsten Abzweigungen bis zu ihren jetzigen Formen entwickelt haben. Sie hat ferner festgestellt, dass der Mensch nichts weiter ist, als das vollkommenste Produkt dieser Entwickelung, und dass er nicht nur vor so und so vielen Jahrtausenden auch im engeren Sinne des Wortes ein sehr thierisches Aussehen hatte und keine Sprache besass, sondern auch, dass er – jede andere Annahme schliesst sich von selbst aus – aus niedrigeren Thierarten hervorgegangen sein muss. (Unsere nächste Broschüre – No. 4 der »Internationalen Bibliothek« – wird sich mit diesem Thema, dem Darwinismus eingehender beschäftigen).

Die Naturwissenschaft lässt mithin Gott mit seiner selbst verkündeten Menschenmacherei als einen ganz albernen Aufschneider erscheinen. Aber was nützt das Alles! Gott lässt mit sich nicht spassen. Ob seine Erzählungen wissenschaftlich klingen, oder sich wie alberner Quatsch anhören, er befiehlt, dass man daran *glaube*, widrigenfalls er es geschehen lässt, dass Einen der Teufel (sein Konkurrent) holt, was sehr unangenehm sein soll. In der Hölle herrscht ja nicht nur beständiges Heulen und Zähneklappern, sondern es brennt auch ein ewiges Feuer, es nagt ein unermüdlicher Wurm und es stinkt ganz heillos nach Pech und Schwefel. Alledem soll ein Mensch *ohne Leib* ausgesetzt werden. Es schmort sein Fleisch, das er nicht bei sich hat; er klappert mit den *längst ausgefallenen* Zähnen; er heult *ohne* Hals und Lunge; seine in *Staub* zerfallenen Knochen benagt der Wurm; er riecht *ohne* Nase – und das alles *ewiglich*. Eine verteufelte Geschichte!

Gott ist überhaupt, wie er in seiner selbstverfassten Chronik, der Bibel, ganz offen kundig mittheilt, ungemein launig und rachgierig – geradezu ein Musterdespot.

Kaum waren Adam und Eva gemacht, so verstand es sich für ihn von selbst, dass dieses Pack regiert werden müsse; deshalb erliess er ein Strafgesetzbuch. Dasselbe lautete kathegorisch: *Ihr sollt nicht essen vom Baume der Erkenntnis!* Seitdem hat auch noch nie irgendwo ein gekrönter oder ungekrönter Tyrann existirt, welcher nicht den Völkern dieses Diktat zugeschleudert hätte.

Adam und Eva respektirten dieses Verbot nicht. Dafür wurden sie ausgewiesen und zu lebenslänglicher und auch auf ihre Nachkommen für alle Zeiten zu übertragender harter Arbeit verdonnert. Der Eva wurden ausserdem noch die »bürgerlichen Ehrenrechte« aberkannt, indem sie als Magd Adams deklarirt wurde, dem sie zu gehorchen habe. Unter göttlicher Polizeiaufsicht standen sie ohnehin schon. Wahrhaftig, so weit hat es selbst Lehmann im Schuhriegeln der Menschen noch nicht gebracht.

Die Strenge Gottes gegen die Menschen nützte indessen gar nichts, vielmehr ärgerten ihn dieselben, je mehr sie sich vermehrten, desto schmählicher. Und wie rasch diese Vermehrung von Statten ging, das konnte man schon bei der Geschichte von Kain und Abel merken. Als der Letztere von seinem Bruder todtgeschlagen worden, ging Kain »in ein fremdes Land« und nahm sich ein Weib. Woher das »fremde Land« mit den dort zu findenden Weibern plötzlich kam, hat der liebe Gott freilich nicht notirt, was bei seiner damaligen Arbeitsausübung nicht zu verwundern ist.

Endlich war das Maas voll. Gott beschloss, die ganze Menschheit durch Wasser zu vertilgen. Nur ein paar Leute nahm er aus, um es nochmals zu probiren; unglücklicherweise hatte er sich, aller Weisheit ungeachtet, aber schon wieder einmal vergriffen, denn Noah, der Chef der Geretteten, entpuppte sich bald als ein grosser Söffel, mit dem seine Söhne Allotria trieben. Was konnte aus solch' einer verlotterten Familie Gutes entstehen?

Wieder breitete sich die Menschheit aus; wieder entwickelte sich dieselbe zu jenen »Rabenäsern« und »Sündengimpeln«, von denen das bekannte Meklenburger Gesangbuch so viel Böses zu berichten weiss. Gott hätte bersten mögen vor himmlischem Zorne, zumal alle seine exemplarischen Lokalzüchtigungen, wie Austilgung ganzer Städte durch Pech und Schwefel, rein »für die Katz« waren. So entschloss er sich , das ganze Gesindel mit Stumpf und Stiel auszurotten, als ein höchst sonderbares Ereignis ihn wieder milder stimmte. Andernfalls wäre es längst um die Menschheit geschehen.

Eines Tages tauchte nämlich ein gewisser »heiliger Geist« auf. Es ging demselben, wie dem »Mädchen aus der Fremde«–: Niemand wusste, woher er kam. Der Bibelschreiber (nämlich Gott) sagt nur, er selber sei der heilige Geist. Man hat es also vorläufig mit einer zweieinigen Gottheit zu thun. Jener »heilige Geist« kam auf den Einfall, in der Gestalt eines Täuberichs mit einem obskuren Frauenzimmer Namens Maria eine Bekanntschaft anzuknüpfen. Er »überschattete« in einer süssen Stunde die Auserwählte seines Herzens, und siehe da, sie gebar ein Knäblein, was indessen, wie Gott in der Bibel ausdrücklich betont, ihrer Jungfräulichkeit durchaus keinen Abbruch that. Der früher bemerkte Gott nannte sich nun Gott Vater, versicherte jedoch gleichzeitig, dass er nicht nur mit dem »heiligen Geist«, sondern auch mit Gottes Sohn vollständig identisch sei. Man denke! Der Vater war sein eigener Sohn, der Sohn sein eigener Vater, Beide zusammen ausserdem noch »heiliger Geist«. So gestaltete sich die »heilige Dreifaltigkeit.«

Und nun, armes Menschenhirn, halte Stand, denn was jetzt folgt, könnte ein Pferd umbringen! Wir wissen, dass Gott Vater beschlossen hatte, das Menschenpack zu frikassieren. Das that dem Gott Sohn ungemein leid. Er (bekanntlich gleichzeitig Gott Vater) nahm die ganze Schuld der Menschen auf sich und liess sich, um seinen Vater (bekanntlich gleichzeitig Gott Sohn) in seiner Raserei zu beschwichtigen, von jenem zu erlösenden Gesindel zu Tode schinden – natürlich nicht ohne nachträglich wieder frisch und froh in den Himmel zu fahren. Diese Aufopferung des Sohnes (der Eins ist mit dem Vater) machte dem Vater (der Eins ist mit dem Sohn) einen solchen Höllenspass, dass er sofort eine allgemeine Amnestie erliess, welche zum Theil noch heute in Kraft ist.

Das ist der »geschichtliche Teil« der »heiligen Schrift«. Man sieht, der Blödsinn ist dick genug aufgetragen, um Denjenigen, der bereits idiotisiert genug ist, ihn zu verdauen, empfänglich für *irgend* einen Wahnwitz zu machen.

Hierher gehört vor allem die Lehre von der Belohnung und Bestrafung des Menschen im sogenannten »Jenseits«. Längst ist es wissenschaftlich erwiesen worden, dass es ein vom Körper unabhängiges Seelenleben nicht gibt, dass das, was die Religionsschwindler »Seele« nennen, nichts weiter ist, wie das Denkorgan (Hirn), welches durch die lebendigen Sinnesorgane Eindrücke empfängt und *auf Grund derselben* sich bethätigt, und dass mithin im Augenblikke des körperlichen Absterbens auch diese Regung aufhören *muss*. Was kümmern sich aber die Todfeinde des menschlichen Verstandes um die Ergebnisse wissenschaftlicher Forschung? Gerade so viel, als nöthig ist, dieselben *nicht* ins Volk dringen zu lassen.

So predigen sie denn das »ewige Leben« der menschlichen »Seele«. Wehe derselben im »Jenseits,« wenn der Leib, worin sie »diesseits« gesteckt, die Strafgesetze »Gottes« nicht pünktlich respektirte! Wie uns diese Leute nämlich versichern, ist ihr »allgütiger, allgerechter, allbarmherziger, gnädiger etc. etc. Gott« eine Ultra-Schnüffelnase, welche sich um jeden Pfifferling eines jeden Einzelnen bekümmert und jeden »Fehltritt,« den ein Mensch macht, in seine Allerweltsakten einträgt. Dabei ist er ein ganz absonderlicher Kauz. Während er wünscht, dass neugeborene Kinder unter der Gefahr eines Schnupfens ihm zu Ehren mit kaltem Wasser begossen (getauft) werden; während er einen Heidenspass hat, wenn unzählige Glaubensschafe in ihren kirchlichen Ställen ihn litaneienmässig anblöken, oder wenn ihm die Eifrigsten seines Anhangs ohne Unterlass fromme Katzen-musiken darbringen und ihn um alle möglichen und unmöglichen Dinge anbetteln (beten); während er sich in blutige Kriege mischt und als »Schlachtengott« sich von den Siegern anposaunen und beweihräuchern lässt, wird er fuchsteufelswild, wenn Jemand an seinem Dasein zweifelt, falls er Katholik ist, an Freitagen Fleisch isst oder nicht fleissig per Ohrenbeichte seine »Sünden« losscheuert, falls er Protestant ist, nicht die den Katholiken empfohlenen Heiligenknochen, Muttergotteslappen und Bilder verachtet, oder wenn er überhaupt nicht mit bockledernen Mienen, verdrehten Augen, gekrümmten Rücken und gefalteten Händen in der Welt umher duselt.

Stirbt so ein Mensch in »verstocktem« Zustande, so wird ihm vom »lieben Gott« eine Strafe zudiktirt, gegen welche alle Hiebe und Knuten und neunschwänzigen Katzen, alle Zuchthaus-Qualen und Verbannungs-Leiden, alle Empfindungen der Verdammten auf dem Schaffotte, alle Foltern und Martern, die je ein irdischer Tyrann ersonnen haben mag, nur angenehme Kitzeleien sind. Dieser »Gott« über-bietet an bestialischer Grausamkeit Alles, was auf der Erde Kanailleuses passiren könnte. Sein Zuchthaus heisst *Hölle*, die wir bereits kennen, sein Henker ist der Teufel, seine Strafen dauern ewig. Er gewährt höchstens für leichte Fälle nach längerer Zeit Begnadigung, vorausgesetzt, dass der betreffende Delinquent als Katholik gestorben ist. Für einen Solchen hat er nämlich unter Umständen das »Fegefeuer« vorgesehen, welches sich von der »Hölle« ungefähr so unterscheidet, wie in Preussen das Gefängnis vom Zuchthaus; so ist es nur für verhältnismässig kurzzeitige Insassen eingerichtet und hat etwas leichtere Disciplin. Immerhin brennt es auch im Fegefeuer ganz »gottsträflich«. Sogenannte »Todsünden« werden indessen nie mit Fegefeuer, sondern stets nur mit Hölle geahndet. Hierher gehört z. B. *»Gotteslästerung,«* begangen durch Wort, Schrift und Gedanken. Gott duldet also in dieser Beziehung nicht nur weder Press-, noch Redefreiheit, sondern er trifft auch schon die unausgesprochenen Gedanken. Ueberbietet er somit schon an und für sich an Rüppelhaftigkeit selbst die schuftigsten Despoten aller Länder und Zeiten, so thut er dies weit mehr noch hinsichtlich der Art und Dauer seiner Strafmittel. *Dieser Gott ist also das denkbar entsetzlichste Scheusal.*

Sein Verhalten ist um so infamer, als er von sich behaupten lässt, dass die ganze Welt und namentlich auch die Menschheit in all' ihrem Thun und Lassen durch seine »göttliche Vorsehung« regulirt wird. Er malträtirt also die Menschen für Handlungen, deren Urheber er selber ist! Wie liebenswürdig sind gegenüber diesem Ungeheuer die Tyrannen der Erde aus vergangener und gegenwärtiger Zeit! – –

Gefällt es Gott aber, einen Menschen nach seinen Begriffen gut leben und sterben zu lassen, so – *malträtirt* er ihn erst recht. Denn der versprochene »Himmel« ist, wenn man ihn genau betrachtet, noch ein viel heilloserer Platz, als die Hölle. Man hat da gar keine Bedürfnisse, sondern ist immer befriedigt, ohne dass je ein Verlangen nach irgend einer Sache der Befriedigung vorausginge. Da aber ohne Verlangen und Erlangen gar kein Genuss denkbar ist, so ist das Dasein im Himmel rein *genusslos*. Man ist da ewig im Anschauen Gottes versunken; es wird immer auf den nämlichen Harfen dieselbe Melodie gespielt; man singt fortwährend das »neue Lied, das schöne Lied,« wenn auch nicht »von dem versoff'nen Nagelschmied«, so doch kaum Anregenderes. Das ist die höchste Potenz der Langweiligkeit Der Aufenthalt in einer Isolirzelle wäre entschieden vorzuziehen.

Kein Wunder, dass Diejenigen, welche reich und mächtig genug sind, das Paradies auf Erden zu geniessen, unter sich mit Heine lachend ausrufen:

> »Den Himmel überlassen wir
> Den Engeln und den Spatzen.«

Und doch sind es gerade die Reichen und Mächtigen, welche den Gottesblödsinn und die Religionsduselei hegen und pflegen. Es gehört das entschieden zum Geschäft.

Ja, es ist für die herrschenden und ausbeutenden Klassen geradezu *Lebensfrage*, ob das Volk religiös versimpelt wird oder nicht. Mit dem Religionswahnsinn steht und fällt ihre Macht. Je mehr der Mensch an Religion hängt, desto mehr glaubt er. Je mehr er glaubt, desto weniger weiss er. Je weniger er weiss, desto dümmer ist er. Je dümmer er ist, desto leichter kann er regiert werden! – –

Dieser Gedankengang war den Tyrannen aller Länder und Zeiten geläufig, daher standen sie auch stets mit den Pfaffen im Bunde. Gelegentliche Streitigkeiten zwischen diesen beiden Sorten von Menschenfeinden waren sozusagen nur häuslicher Hader um die Obergewalt. Jeder Pfaff' weiss, dass er ausgespielt hat, sobald die »oberen Zehntausend« ihm nicht mehr unter die Arme greifen. Jedem Reichen und Mächtigen ist es kein Geheimniss, dass der Mensch nur dann geknechtet und ausgebeutet werden kann, wenn die Schwarzkünstler irgend einer Kirche es fertig bringen, genügenden Sklavensinn in die Herzen der Volksmassen zu pflanzen, denselben die Erde als »Jammerthal« erscheinen zu lassen, ihnen das »göttliche« Diktat: »Seid unterthan der Obrigkeit!« einzutrichtern und sie mit einer angeblichen Extrawurst, welche nach dem Tode im unbekannten Wokenkukuksheim gebraten werden soll, abzuspeisen.

Der Erzjesuit *Windhorst* liess einmal im deutschen Reichstag in der Hitze des Gefechtes deutlich genug erkennen, wie die Schwindler und Gauner der Welt über diesen Punkt denken.

»Wenn im Volke der Glaube zerstört wird – sagte er – kann es das viele Elend nicht mehr ertragen und *rebellirt!*« —- das war deutlich und hätte jeden Arbeiter zum Nachdenken anregen sollen, würde ihn auch stutzig gemacht haben, wenn – ja wenn nicht so Viele religiös zu vernagelt wären, um noch im Stande zu sein, mit normalen Ohren zu hören und einfache Dinge zu begreifen.

Umsonst haben die Pfaffen – das heisst: die schwarzen Gendarmen des Despotismus – sich nicht stets so ungeheuer abgemüht, den Rückgang des religiösen Wesens aufzuhalten, obwohl sie selbst bekanntlich unter sich vor Lachen bersten möchten ob des Blödsinns, den sie gegen gute Bezahlung predigen.

Jahrtausende hindurch haben diese Gehirnverhunzer einfach ein Schreckensregiment geführt, ohne welches die religiöse Tollhäusigkeit längst ein Ende genommen hätte. Galgen und Schwert, Kerker und Ketten, Gift und Dolch, Meuchelund Justizmord —- das waren ihre Mittel zur Aufrechterhaltung dieses Wahnsinns, der ein ewiger Schandfleck in der Geschichte der Menschheit bleiben wird. Hunderttausende sind auf Scheiterhaufen langsam »im Namen Gottes« geröstet worden, weil sie es gewagt, den biblischen Mist stinkend zu finden. Millionen von Menschen wurden gezwungen, sich in langwierigen Kriegen die Köpfe gegenseitig einzuschlagen, ganze Länder zu verwüsten und nach Mord und Brand die Pest zu erzeugen – nur damit die Religion erhalten blieb. Die raffinirtesten Foltern wurden seitens der Pfaffen und ihrer Helfershelfer ersonnen, wenn es galt, Diejenigen, welche vor Gott keine Furcht mehr hatten, durch irdische Teufeleien neuerdings in Religiosität hinein zu schrecken.

Man nennt einen Menschen einen Verbrecher, der Anderen Hände und Füsse verstümmelt. Wie soll man Jene bezeichnen, welche das Hirn zu Grunde richten, und, wenn ihnen das nicht gelingen will, den ganzen Körper mit ausgesuchter Grausamkeit Zoll für Zoll verderben? Wohl ist wahr: Diese Strolche können heute ihr göttliches Banditengewerbe nicht mehr in der althergebrachten Weise treiben, wenn auch Gotteslästerungsprozesse und dgl. immer noch vorkommen; dafür haben sie sich aber desto mehr auf Familienschleicherei, auf Weiberbeeinflussung, auf Kinderfang und Missbrauch der Schule geworfen. Ihre Heuchelei hat eher zuals abgenommen. Selbst der Presse haben sie sich in einem sehr hohen Grade bemächtigt, seitdem sie bemerkten, dass sie nicht mehr im Stande seien, die Buchdruckerei als solche wieder aus der Welt zu schaffen.

»Wo ein Pfaff hintritt, wächst 10 Jahre lang kein Gras mehr,« lautet ein altes Sprichwort. Das heisst mit anderen Worten; Ein Mensch, der einmal den Pfaffen unter die Klauen gerathen ist, hat aufgehört gedanklich fruchtbar zu sein. Seine Gehirnmaschinerie stockt, statt derselben kriechen religiöse Maden und göttliche Würmer in seinem Schädel umher. Er gleicht einem Schafe, das die Drehkrankheit hat.

Diese Unglücklichen sind um ihren eigenen Lebenszweck betrogen und, was noch schlimmer ist, bilden den grossen Tross im Gefolge der Widersacher von Wissenschaft und Aufklärung, von Revolution und Freiheit. Wo es immer gilt, neue Ketten für die Menschheit zu schmieden: sie sind bereit, in stumpfsinnigem Unverstand wie besessen darauf loszuhämmern. Wenn gegen die fortschreitende Entwikkelung der Dinge Hindernisse in den Weg gewälzt werden sollen. Diese Hottentotten werfen sich nöthigenfalls in ihrer ganzen breiten Masse dem Strome der Zeit entgegen. Wenn man sich daher anschickt, diese Geisteskranken zu kuriren, so thut man nicht nur ein gutes Werk den Betreffenden gegenüber, sondern man steht auch im Begriffe, einen Krebsschaden auszubrennen, an welchem das ganze Volk leidet, und der schliesslich unbedingt total ausgetilgt werden muss, wenn die Welt endlich eine Stätte für Menschen werden soll, statt, wie bisher, ein Spielplatz für Götter und Teufel, welche mit uns Schindluder treiben.

Heraus also mit der Religion aus den Köpfen und nieder mit den Pfaffen! Die Letzteren pflegen zu sagen, der Zweck heiligt die Mittel. Wohlan! Wenden wir diesen Grundsatz endlich auch gegen sie an! Unser Zweck ist die Befreiung der Menschheit aus jeglicher Sklaverei, aus dem Joche sozialer Knechtschaft, wie aus dem Fesseln politischer Tyrannei, nicht minder, ja vor Allem, aus dem Banne religiöser Finsterniss. *Jedes* Mittel zu Erreichung dieses hohen Zieles muss von allen wahren Menschenfreunden für recht erkannt und bei jeder sich darbietenden Gelegenheit in Anwendung gebracht werden.

Jeder religionslose Mensch begeht eine Pflichtvernachlässigung, wenn er täglich und stündlich nicht Alles aufbietet, was in seinen Kräften steht, die Religion zu untergraben. Jeder vom Gottesglauben Befreite, der es unterlässt, das Pfaffenthum zu bekämpfen, wo und wann und wie er nur immer Gelegenheit dazu hat, ist ein Verräther seiner Sache. Also Krieg dem schwarzen Gesindel –, unversöhnlicher Krieg bis aufs Messer! Aufreizung gegen die Verführer, Aufklärung für die Verführten! Lasset uns jedes Mittel des Kampfes in unsere Dienste nehmen: Die Geissel des Spottes, wie die Fackel der Wissenschaft; wird diese nicht zureichen, – *greif und fühlbarere* Argumente!

Vor Allem hüte man sich, in der Arbeiterbewegung Gottes-Phrasen und Religions-Gefasel schweigend mitanzuhören. So wenig in dem Lager der sozialen Revolution – und was ausserhalb desselben steht, ist eben reactionär – monarchistische Agitationen oder Privateigenthums-Beschönigungen Raum finden können, so wenig ist in demselben Platz für göttlichen Blödsinn. Und, wohl gemerkt: je »anständiger« Diejenigen erscheinen, welche das verfluchte Religionsblech mit den Arbeiterbestrebungen vermischen wollen; je »besser« deren Ruf ist, desto *gefährlicher* sind sie. Wer den Gottesschwindel in *irgend* einer Form predigt, kann nur ein Dummkopf oder ein Schurke sein. Beide Sorten taugen nichts zur Förderung einer Sache, welche nur dann ihr Ziel zu erreichen vermag, wenn sie voll und ganz auf der Höhe wissenschaftlicher Erkenntniss steht und sich der Ehrlichkeit ihrer Verfechter erfreut.

Opportunitätspolitik ist da nicht bloss vom Uebel, sie ist ein *Verbrechen.* Lassen die Arbeiter irgend welche Pfaffen sich in ihre Angelegenheiten mischen, so sind sie nicht nur belogen und betrogen, sonder auch alsbald verrathen und verkauft.

So selbstverständlich es ist, dass der Hauptkampf des Proletariats sich gegen den Kapitalismus zu richten hat und mithin auch auf die Zerstörung des Gewaltmechanismus desselben, des Staates, abzielen muss, so wenig darf in diesem Kampfe die Kirche ausser Acht gelassen werden. Die Religion muss systematisch im Volke untergraben werden, wenn dasselbe zu Verstand kommen soll, ohne welchen es nicht die Freiheit erringen kann.

Für die Dummen, resp. Verdummten, so weit sie noch besserbar erscheinen, werfe man u. A. folgende Fragen auf:

Wenn Gott will, dass man ihn kenne, liebe und fürchte, *warum zeigt er sich nicht?* Ist er so gut, wie die Pfaffen sagen, welchen Grund hat man, ihn zu fürchten? Ist er allwissend, weshalb belästigt man ihn mit seinen Privatangelegenheiten und Gebeten? Ist er allgegenwärtig, wozu ihm Kirchen bauen? Ist er gerecht, weshalb denkt man denn, er werde die Menschen bestrafen, welche er voller Schwächen erschuf? Thun die Menschen nur aus Gottes Gnade Gutes, welchen Grund hätte er dann, sie dafür zu belohnen? Ist er allmächtig, wie könnte er es zulassen, dass wir ihn lästern? Ist er aber unbegreiflich, weshalb beschäftigen wir uns mit ihm? Ist die Kenntnis von Gott nothwendig, weshalb schwebt er im Dunkel? U. s. w. Vor solchen Fragen steht der gläubige Mensch, wie ein Ochs vor dem Berge.

Jeder Nachdenkende muss aber zugeben, dass *nicht ein einziger Beweis* für die Existenz eines Gottes je erbracht worden ist. Ausserdem liegt nicht die geringste Nothwendigkeit für die Existenz eines Gottes vor. So wie wir bereits die Eigenschaften und Regeln der Natur kennen, ist ein Gott in oder ausserhalb derselben geradezu zwecklos, gänzlich überflüssig und mithin ganz von selbst hinfällig. Sein *»moralischer«* Zweck ist noch nichtiger.

Es gibt ein grosses Reich, in welchem ein Herrscher regiert, dessen Verfahren den Geist seiner Unterthanen in Unordnung bringt. Er will gekannt, geliebt und geehrt sein, und Alles bemüht sich, die Begriffe zu verwirren, die man sich von ihm machen kann. Die Völker, welche seiner Gewalt unterworfen sind, besitzen über den Charakter und die Gesetze ihres unsichtbaren Souveräns bloss solche Ideen, als ihnen seine Minister mittheilen; diese hingegen geben es zu, dass sie selbst keine Vorstellungen von ihrem Meister sich machen können, dass sein Wille unerforschlich, seine Ansichten und Eigenschaften unergründlich sind; so sind seine Diener unter sich selbst nie einig über die Gebote, die sie von ihm auszugeben vorgeben, dessen Organe sie sich nennen; er verkündet dieselben in jeder Provinz seines Reiches verschieden; sie schmähen sich gegenseitig und Einer beschuldigt den Andern des Betruges und der Verfälschung. Die Edikte und Gebote, welche sie zu verkünden beauftragt zu sein vorgeben, sind dunkel; es sind Räthsel, die von den Unterthanen, denen sie zur Belehrung gegeben sein sollen, nicht verstanden und nicht errathen werden können. Die Gesetze des verborgenen Monarchen bedürfen der Erklärungen; doch Jene, die sie erklären, sind nie unter sich einig; Alles, was sie von ihrem verborgenen Fürsten erzählen, ist ein Chaos von Widersprüchen; sie sagen auch nicht ein Wort, das sich nicht auf der Stelle als Lüge erweisen liesse. Man nennt ihn ausserordentlich gut; dennoch gibt es auch nicht einen Menschen, der sich nicht über seine Beschlüsse beklagt. Man nennt ihn unendlich weise, und in seiner Verwaltung scheint Alles der Vernunft und dem gesunden Verstand entgegen zu sein. Man rühmt seine Gerechtigkeit und die Besten seiner Unterthanen sind gewöhnlich die am wenigsten Begünstigten. Man versichert, dass er Alles sieht, und seine Allgegenwart heilt Nichts. Er ist, sagt man, ein Freund der Ordnung, und in seinem Staate ist alles in Verwirrung und Unordnung. Er tut Alles aus sich selbst, aber die Ereignisse entsprechen selten seinen Plänen. Er sieht Alles voraus, aber er weiss nicht was da kommen wird. Er lässt sich nicht ungestraft beleidigen und den-noch duldet er die Beleidigung eines Jeden. Man bewundert sein Wissen, die Vollkommenheit seiner Werke, dennoch sind seine Werke unvollkommen und von kurzer Dauer. Er schafft, zerstört und verbessert an dem, was er gemacht hat, ohne je mit seinem Werke zufrieden zu sein. Bei allen seinen Unternehmungen sieht er nur auf seinen eigenen Ruhm, dennoch erreicht er den Zweck, allgemein gerühmt zu werden, nicht. Er arbeitet blos an dem Wohlergehen seiner Unterthanen, aber denselben mangelt grösstentheils das Nothwendigste. Jene, die er am meisten zu begünstigen scheint, sind gewöhnlich am wenigsten mit ihrem Schicksal zufrieden; man sieht sie fast Alle stets gegen einen Herren sich auflehnen, dessen Grösse sie bewundern, dessen Weisheit sie rühmen, dessen Güte sie verehren, dessen Gerechtigkeit sie fürchten und dessen Gebote sie heiligen, welche sie nie befolgen. − −

Dieses Reich ist die Welt; dieser Herrscher ist Gott; seine Diener sind die Pfaffen, die Unterthanen die Menschen, − − eine schöne Gegend!

Der Gott der Christen speciell ist, wie wir gesehen haben, ein Gott, der Verheissungen macht, um sie zu brechen; der Pest und Krankheiten über die Menschen kommen lässt, um sie zu heilen. Ein Gott, der die Menschen verkommen lässt, um sie zu bessern. Ein Gott, der die Menschen nach seinem Ebenbilde schuf und doch nicht der Urheber des Bösen sein soll; der sah, dass seine Werke sehr gut waren, und doch bald wahrnahm, dass sie schlecht sind; der es wusste, dass die Menschen von der verbotenen Frucht essen würden, und dennoch dafür das ganze Menschengeschlecht verdammte.

Ein Gott, der so schwach ist, um sich vom Teufel überlisten zu lassen, so grausam, dass ihm kein Tyrann der Erde verglichen werden kann, das ist der Gott der jüdisch-christlichen Götterlehre.

Derselbe ist ein *allweiser* Pfuscher, der die Menschen vollkommen erschuf und sie doch nicht vollkommen erhalten konnte, der den Teufel erschuf und ihn doch nicht zu beherrschen vermag, ein *Allmächtiger*, der Millionen Unschuldiger verdammte wegen des Fehlers Einiger; der durch die Sündfluth alle Menschen vertilgte bis auf einige, und ein neues Geschlecht erzeugen liess, nicht besser als der frühere; der einen Himmel machte für die Thoren, die an die Evangelien glauben, und eine Hölle für die Weisen, die sie verwerfen. − Er ist ein *göttlicher* Quacksalber, der sich durch den heiligen Geist selbsterzeugte; der sich selbst als Vermittler sandte zwischen sich und Andere; der, verachtet und verhöhnt von seinen Feinden, an ein Kreuz genagelt wurde wie eine Fledermaus an ein Scheunenthor; der sich begraben liess, von den Todten auferstand, die Hölle besuchte, lebendig in den Himmel fuhr und nun seit achzehnhundert Jahren zur rechten Hand seiner selbst sitzt, um zu richten die Lebendigen und die Todten, dann, wenn es keine Lebendigen mehr geben wird. Er ist ein *schrecklicher* Tyrann, dessen Geschichte mit Blut geschrieben werden sollte, weil sie eine Religion des Schreckens ist. Hinweg denn mit der christlichen Götterlehre; hinweg mit einem Gott, erfunden durch Priester des blutigen Glaubens, die ohne ihr *wichtiges Nichts*, womit sie Alles erklären, nicht länger im Ueberfluss schwelgen, nicht länger Demuth predigen und selbst im Glanze leben; nicht länger Sanftmuth predigen und Hochmuth üben, sondern durch die Aufklärung in den Abgrund der Vergessenheit geschleudert werden. Hinweg denn mit der grausamen Dreieinigkeit – dem mörderischen Vater, dem unnatürlichen Sohn, dem wollüstigen Geist! Hinweg mit all den entehrenden Phantasmen, in deren Namen die Menschen zu elenden Sklaven entwürdigt und durch die Allmacht der Lüge von den Mühen der Erde auf die Freuden des Himmels verwiesen werden. Hinweg mit ihnen, die mit ihrem geheiligten Wahne der Fluch der Freiheit und des Glückes sind!

Gott ist nur ein von raffinierten Schwindlern erfundenes Gespenst, vermittelst welchem die Menschen bisher in Angst erhalten und tyrannisirt wurden. Aber das Truggebilde zerfliesst sofort, wenn es unter dem Glase nüchterner Untersuchung betrachtet wird; und die betrogenen Massen werden unwillig, auf solche Popanze noch länger zu achten, vielmehr führen sie den Pfaffen die Worte des Dichters zu Gemüte:

> »Ein Fluch dem Götzen, zu dem wir gebeten
> In Winterkälte und Hungersnöthen.
> Wir haben vergebens gehofft und geharrt;
> Er hat uns geäfft, gefoppt und genarrt.«

Sie lassen sich hoffentlich nicht mehr lange äffen, foppen und narren, sonder stecken eines schönen Tages die Kruzifixe und Heiligen in den Ofen, verwandeln die Monstranzen und Kelche in nützliches Geschirr, benützen die Kirchen als Konzert-, Theater-, oder Versammlungslokale, oder, falls sie dazu nichts taugen sollten, als Kornspeicher und Pferdeställe, hängen die Pfaffen und Nonnen ins Glockenhaus und können blos das Eine nicht begreifen; wieso es kam, dass nicht schon längst derartig verfahren wurde. –

Dieser kurze, bündige und einzig praktikable Prozess wird sich natürlich erst im Sturme der kommenden sozialen Revolution vollziehen, d.h. in dem Augenblicke, wo man auch mit den Komplizen der Pfaffheit, den Fürsten, Junkern, Bureaukraten und Kapitalisten Tabula rasa macht, Staat und Gesellschaft aber, gleich der Kirche, mit eisernem Besen gründlich ausmisten wird.

John Most

167 William Street

Die Eigenthumsbestie

Der Mensch ist unter den Raubthieren das schlimmste. Das ist ein Ausspruch, den heutzutage viele thun, der aber nur bedingungsweise richtig ist. Nicht der Mensch als solcher ist ein Raubthier, sondern nur der Mensch in Verbindung mit Reichthum. Je reicher der Mensch ist desto stärker ist seine Gier nach weiterem Vermögen. Solch ein Unthier, welches man Eigenthumsbestie nennen kann, und das gegenwärtig die Welt beherrscht, die Menschheit unglücklich macht und mit dem Fortschreiten der sogenannten »Zivilisation« an Grausamkeit und Schlingkraft gewinnt, soll im Nachstehenden gekennzeichnet und der Ausrottung empfohlen werden.

Blickt Euch um! In jedem sogenannten »Kultur«-Lande giebt es unter je hundert Menschen etwa 95 mehr oder minder vollendete Habenichtse und ungefähr fünf Geldprotzen.

Es ist nicht nötig, alle Schleichwege aufzusuchen, auf denen die Letzteren ihr Vermögen erworben haben. Der Umstand, dass sie Alles besitzen, während die Uebrigen lediglich existieren, resp. vegetiren, lässt allein schon keinen Zweifel darüber aufkommen, dass die Wenigen auf Kosten der Vielen reich geworden sind.

Bald durch das direkte brutale Faustrecht, bald durch List, bald durch Betrug hat sich diese Rotte des Grund und Bodens und aller darauf befindlichen Güter bemächtigt. Vererbung und vielfacher Händewechsel haben diesem Raub einen »altehrwürdigen« Anstrich verliehen und dessen wahres Wesen verwischt; deshalb wird die Eigenthumsbestie noch immer nicht als solche erkannt; sondern sogar mit heiliger Scheu respektirt.

Und doch sind Alle, welche nicht zu dieser Art gehören, deren Opfer. Jeder Sprössling eines Nichteigentümers (Armen) findet bei seinem Eintritt in die Welt jedes Fleckchen Erde besetzt. Es giebt keine Güter, die nicht einen »Herren« hätten. Ohne Arbeit entsteht aber nichts und um heutzutage arbeiten zu können, sind nicht nur Fähigkeit und Wille erforderlich, sondern auch Werkzeuge, Rohstoffe und Lebensmittel. Der Arme wendet sich daher notgedrungen an Jene, die alle diese Dinge in Hülle und Fülle besitzen. Und siehe da, es wird ihm seitens der Reichen die Erlaubniss ertheilt, weiter zu existiren. Dafür hat er sich aber sozusagen seiner Kraft und Geschicklichkeit zu entäussern. Diese verwenden fortan seine vermeintlichen Lebensretter für sich. Denn Letztere spannen ihn einfach ins Joch der Arbeit; sie zwingen ihn, bis zur äussersten Grenze körperlicher und geistiger Anstrengung neue Schätze zu erzeugen, nach denen er aber nicht seine Hände auszustrecken berechtigt ist. Würde er sich lange besinnen wollen, solch' einen ungleichen Handel abzuschliessen, so belehrte ihn doch bald sein knurrender Magen, dass der Arme hierzu keine Zeit hat.

Und da viele Millionen ganz in der nämlichen Lage sich befinden, wie er, so setzt er sich obendrein der Gefahr aus, dass sich, während er sich besinnt, hundert Andere um seine Stelle bewerben, so dass er neuerdings in der Luft hängt. Furchtbar schwingt seine Peitsche der Hunger über dem Kopfe des Armen. Um zu leben, muss er sein eigenes Ich täglich und stündlich freiwillig verkaufen.

Es waren entsetzliche Zeiten, als die herrschenden Klassen auf die Sklavenjagd gezogen waren und Jene, die in ihre Hände fielen, in Ketten schlugen und mit Gewalt zur Arbeit zwangen. Ungeheuerlich sah es aus in der Welt, als die christlich-germanischen Räuber ganze Länder stahlen, den Boden den Völkern unter ihren Füssen hinweg zogen und sie zum Frondienst pressten. Den Gipfel der Schmach aber hat erst die heutige »Ordnung« erzeugt: denn sie hat mehr als neun Zehntel der Menschheit um ihre Existenzbedingungen betrogen, in Abhängigkeit einer winzigen Minderheit versetzt und zur Selbsthingabe verdammt, gleichzeitig jedoch dieses Verhältniss dermassen durch allerlei Formeln verhüllt, dass die Hörigen der Neuzeit — die Lohnsklaven ihre Rechtlosigkeit und Knechtschaft nur zum Theil erkennen und geneigt sind, sie dem Glücks-, resp. Unglücksfalle zuzuschreiben.

Diesen grässlichen Zustand zu verewigen, das ist das einzige Streben der »vornehmen« Welt. Unter sich sind zwar die Reichen nicht immer einig; im Gegentheil sucht Einer den Anderen durch Handelskniffe, Spekulantenlist und Konkurrenzmaximen zu übervortheilen; allein dem Proletariate gegenüber stehen sie als eine geschlossene feindliche Masse da.

Ihr politisches Ideal ist daher — aller freisinnigen Redensarten ungeachtet — ein möglichst starker und ruppiger Büttelstaat.

Bettelt der Arme, der momentan ausser Stande ist, sich an einen Ausbeuter zu verkaufen, oder den die Eigenthumsbestie bereits zur Arbeitsunfähigkeit ausgeschunden hat, so sagt der satte Bourgeois, das sei Vagabundage, und er ruft nach Polizei; er verlangt Stockprügel und Zuchthäuser für den armen Teufel, der nicht zwischen Bergen von Lebensmitteln verhungern will.

Greift der Arbeitslose gar zur sonst so viel gepriesenen Selbsthilfe, tut er im Kleinen, was die Reichen täglich ungestraft im Grossen thun, d. h. stiehlt er etwa, um existiren zu können, so sammelt die Bourgeoisie glühende Kohlen »sittlicher« Entrüstung über seinem Haupte und überantwortet ihn mit strenger Miene dem Staatszwinger, um ihn dort desto entschiedener (wohlfeiler) auszubeuten.

Verbinden sich die Arbeitsleute, um gemeinsam höhere Löhne, kürzere Arbeitstage u. dgl. zu ertrotzen — sogleich zetert das Protzenthum, das sei Konspiration und müsse hintertrieben werden. Organisiren sich die Proletarier politisch, so ist das ein Verstoss gegen »göttliche Weltordnung«, der durch Ausnahmegesetzgebung zu Nichte gemacht werden muss.

Denkt schliesslich das Volk ans Rebelliren, so erschallt in der ganzen Welt ein Wutgeheul der Goldtiger ohne Ende. Sie lechzen nach Massakres und ihr Blutdurst ist unstillbar.

Das Leben des Armen gilt dem Reichen ohnehin für Nichts. Als Schiffseigner setzt er ganze Bemannungen aufs Spiel, wenn es darauf ankommt, hohe Versicherungsprämien für halbverfaulte Fahrzeuge zu ergaunern. Schlechte Ventilation, zu tiefer Bau, mangelhafte Stützung u. s. w. bringen jährlich vielen Tausenden von Bergleuten den Tod, erhöhen aber den Gewinn, daher es für die Grubenbesitzer dabei sein Bewenden hat. Nicht mehr kümmert sich ein Fabrikpascha darum, wie viele »seiner« Arbeiter von Maschinen zerrissen, durch Chemikalien vergiftet oder in Dunst und Schmutz langsam erstickt werden. Der Profit ist die Hauptsache.

Weiber sind billiger als Männer, daher saugt jeder kapitalistische Vampyr mit ganz besonderer Vorliebe Weiberblut. Obendrein liefert ihm die Frauenarbeit wohlfeile Maitressen. Kinderfleisch ist das billigste; was Wunder, dass die Kannibalen der modernen Gesellschaft ständig ihre Zähne fletschen nach jugendlichen Opfern. Was haben sie darnach zu fragen, dass die armen Kleinen auf solche Weise verwahrlost und verkrüppelt werden! Während Tausende davon im zarten Alter, ausgemergelt und elend in die Grube sinken, steigen die Aktien. Das genügt!

Da die Bourgeoisie vermöge ihres Kapitals alle neuen Erfindungen nur für sich allein in Anspruch nimmt, hat jede neue Maschine, statt Arbeitszeitverkürzung und Erhöhung des Lebensglücks für Alle, nur Entlassung aus dem Geschäft für die Einen, Lohnherabsetzung für Anderen, stärkere Verelendigung für das ganze Proletariat zur Folge. Wenn aber die Vermehrung der Produkte begleitet ist von einer zunehmenden Verarmung der Volksmassen, so muss die Konsumtion gleichzeitig abnehmen; es müssen Stockungen und Krisen eintreten. Eine Fülle von vorhandenen Schätzen in den Händen Weniger muss Hungertyphus unter der Masse erzeugen. Das Verkehrte, ja Wahnsinnige eines solchen Zustandes liegt auf der Hand. Die Protzen aber zucken mit den Achseln darüber. Das werden sie so lange treiben, bis *über* ihren Achseln ein wohlgeschlungener Strick alle Zuckungen endet.

Aber nicht bloss als Produzent wird der Arbeiter in der mannigfaltigsten Weise geschröpft, sondern auch als Konsument. Sein kärgliches Einkommen suchen ihm zahlreiche Schmarotzer schleunigst wieder abzujagen.

Wenn die Waaren bereits durch allerlei Börsen und Grosistenlager gewandert sind und durch verschiedenartige Makler- und Jobberprofite, durch Zölle und Taxen Preisaufschläge erfahren haben, kommen sie endlich zum Krämer, dessen Kunden fast ausschliesslich Proletarier sind. Grosskapitalisten »machen« d. h. ergaunern vielleicht 10—20 Prozent Gewinn bei ihren Umsätzen; der Krämer will mindesten 100 Prozent haben. Er bedient sich zur Erzielung dieses Resultats verschiedenartiger Kniffe; insbesondere treibt er die schamloseste Waarenverfälschung. Verwandt mit diesen Betrügern sind die zahllosen Bierpantscher, Schnapsverderber und sonstigen Giftmischer, welche in alle grossen Städten und industriellen Distrikten jede Gasse unsicher machen. Ferner sinnen die Hauspaschas ohne Unterlass darüber nach, wie sie das Leben der

Proletarier verbittern könnten. Die Wohnungen werden immer schlechter, die Mieten höher, die Kontrakte niederträchtiger. Mehr und mehr werden die Arbeiter zusammen gepfercht in Hintergebäuden, in Dachkammer und Kellerlöchern, die voll von Wanzen, feucht und moderig sind. Gefängniszellen sind häufig von zehnfach gesünderer Beschaffenheit.

Ist der Arbeiter beschäftigungslos, so lauert wiederum eine ganze Bande von Hungerspekulanten darauf, ihn vollends zu ruiniren. Pfandleiher und ähnliche Schufte borgen auf die letzten Habseligkeiten der Armen kleine Beträge zu hohen Zinsen. Deren Verträge sind gewöhnlich derart abgefasst, dass sie nicht leicht eingehalten werden können; das verpfändete Gut verfällt und der Proletarier sinkt abermals um eine Stufe tiefer. Jene Halsabschneider aber sammeln sich in kurzer Zeit grosse Vermögen an. Sogar den Bettler betrachten viele Parasiten als eine rentable Figur. Jede Kupfermünze, die er sich mühselig verschaffte, erregt das Verlangen von Inhabern schmutziger Herbergen und Spelunken. Ja, selbst Diebe entgehen der kapitalistischen Ausbeutung nicht. Sie sind die Sklaven von raffinirten Hehlern und Unterschlupfgebern, welche ihnen gestohlene Werthsachen für eine Bagatelle abnehmen. Und jene armen Mädchen, welche die heutige Schandwirthschaft in die Arme der Prostitution getrieben, werden durch Bordellwirthe und ähnliche Schmachgestalten ganz scheusslich geplündert.

So geht es dem Armen von der Wiege bis zum Grabe. Ob er produzirt, ob er konsumirt; ob er existirt oder vegetirt; er ist stets umlagert von einer Schar von heisshungrigen Vampyren, die nach jedem Tropfen seines Blutes lechzen. Auf der anderen Seite stellt der Reiche nie sein Ausbeutungshandwerk ein, wenn er auch noch so wenig in der Lage ist, einen Grund für seine Habgier anzugeben. Wer eine Million hat, will 10 Millionen haben; wer deren 100 besitzt, geizt nach einer Milliarde u. s. w. Zur Habgier gesellt sich Herrschsucht.

Das Besitzthum ist eben nicht nur ein Mittel zu immer weiterer Bereicherung, sondern auch eine *politische Macht*. Unter dem jetzigen Kapitals-System ist die Käuflichkeit fast ein allgemeines Laster. Es handelt sich gewöhnlich nur darum, den richtigen Preis anzusetzen, um Diejenigen zu kaufen, welche geeignet sein können, durch Sprechen oder Schweigen, durch Schrift oder Druck, durch Gewaltakte oder durch was immer der Eigenthumsbestie zu dienen. Sie ist vermöge ihrer goldenen Diktate die wahre allmächtige Gottheit.

Da werden in Europa und Amerika mehr als 500 000 Pfaffen unterhalten, um, wie in der »Gottespest« (No. 3 der I. B.) nachgelesen werden kann, die Volksmassen ihres gesunden Menschenverstandes zu berauben. Daneben strolchen zahlreiche »Missionäre« von Haus zu Haus, um alberne Traktätchen zu vertheilen oder sonstigen »geistigen« Unfug zu treiben. In den Schulen wird Alles aufgeboten, um das wenige Gute, welches die Lese-, Schreib- und Rechnen-Dressur allenfalls mit sich bringen könnte, möglichst hinfällig zu machen. Eine blödsinnige Malträtirung der »Geschichte« erzeugt jenen aufgeblasenen Dünkel, der die Völker verunreinigt und sie nicht erkennen lässt, dass ihre Bedrücker gegen sie längst sich geeinigt haben, und dass Im Grunde genommen die ganze bisherige Politik nur den Zweck hatte, die Macht der Herrschenden zu befestigen und die Ausbeutung der Armen durch die Reichen zu sichern.

Den Hausirhandel mit dem Loyalitäts- und »Ordnungs«-Fusel besorgen des Weiteren insbesondere die Schmierfinken der Tagespresse, zahlreiche literarische Geschichtsfälscher, die politischen Klopffechter eines tausendfältig verzweigten Vereins- und Versammlungslebens, Parlaments-Quatschmichel mit dem ewig süsslächelnden Gesichte, den stetigen Versprechungen auf den Lippen und dem Verrat im Herzen, und hunderterlei andere Politiker von mehr oder weniger Lumpazi-Vagabundus Qualität.

Speziell zur Verdunkelung der sozialen Frage sind ebenfalls ganze Schwadronen von Strauchrittern tätig. Die Professoren der Nationalökonomie spielen z. B. so recht die Leibkosaken der Bourgeoisie, indem sie das goldene Kalb als die wahre Sonne des Lebens preisen und die Gerbereien von Arbeiterfellen »wissenschaftlich« in allgemeine Wohlthätigkeit an der Menschheit umlügen. Ein Theil dieser Schulpfaffen empfiehlt gleichwohl soziale Reformen, d. h. natürlich mit anderen Worten Prozeduren, bei denen der Pelz gewaschen aber nicht nass gemacht werden soll. Ausserdem foppen sie noch die Arbeiter durch Empfehlung von Spar- und Bildungsrezepten.

Während die kapitalistischen Raubholde solchermassen das Volk nasführen lassen, erweitern sie auf der anderen Seite ihren eigentlichen Gewaltmechanismus immer entschiedener. Es werden immer mehr Aemter errichtet. An die Spitze derselben stellen sich in Europa die Nachkömmlinge der ehemaligen Strassenräuber (die »Edelleute«), in Amerika die geschicktesten Stellenjäger und geriebensten Gauner, welche mit ihrem eigentlichen Zweck, der autoritätsmässigen Knebelung des Proletariats, auch noch die angenehme Beschäftigung von Kassendieben und Fälschern höheren Grades verbinden. Sie dirigiren ganze Armeen von Soldaten, Gendarmen, Polizisten, Spionen, Gefängniswärtern, Zollwächtern, Steuereinnehmern, Exekutoren usw. Die letzteren Gattungen des Büttelthums sind fast durchgängig dem nichtsbesitzenden Volke entnommen, auch werden sie selten besser als proletarisch entlohnt. Dennoch spielen dieselben mit grossem Eifer die Spähaugen, Schnüffelnasen und Lauschohren, die Klauen, die Zähne und die Saugrüssel des Staates, welch' letzterer solchermassen augenscheinlich nichts weiter ist, als die politische Organisation einer Rotte von Betrügern und Ausbeutern, die ohne eine solche Macht- und Tyrannisirungs-Maschinerie nicht einen einzigen Tag vor dem gerechten Zorn und Unwillen des geschundenen und geplünderten Volkes sich zu halten vermöchten.

In den meisten älteren Ländern ist dieses System natürlich auch in der äusseren Form am schärfsten zugespitzt worden. Es konzentrirt sich der ganze staatliche Zuchtapparat in einer monarchischen Spitze. Die Repräsentanten der selben, die Gottesgnädlinge, sind denn auch der Ausbund aller Schurkerei. In ihnen sind sämtliche Laster und Verbrechen der herrschenden Klasse bis zum Ungeheuerlichsten verkörpert. Ihre Lieblingsbeschäftigung ist der Massenmord (Krieg); wenn sie stehlen, (und sie stehlen oft) nehmen sie immer gleich ganze Länder und Hunderte, ja Tausende von Millionen. Die Brandstiftung in grossartigem Masse dient ihnen nur zur Beleuchtung ihrer Greuel. In ihren Schädeln hat sich die Marotte festgesetzt, dass die Menschheit lediglich dazu da sei, um von ihnen geknufft und angespieen zu werden. Höchstens erachten sie es der Mühe werth, die schönsten Weiber und Mädchen »ihrer« Länder zur Befriedigung ihrer viehischen Lüste auszuwählen. Die Uebrigen haben das Recht, »alleruntertänigst zu verrecken«.

An direkter Brandschatzung nehmen diese gekrönten Raubmörder in Europa jährlich 200 Millionen Mark ein. Der Militarismus, ihr Kind, kostet, ganz abgesehen von den aus ihm entspringenden Verlusten an Gut und Blut, per Jahr weitere 4000 Millionen Mark, und eine gleiche Summe zählt man an Zinsen für die 80 000 Millionen Staatsschulden, welche die Halunken in verhältnismässig kurzer Zeit gemacht haben. Somit kostet der Monarchismus in Europa jährlich 8200 Millionen Mark, d. h. mehr als 10 Millionen Arbeiter, respektive die Ernährer von 50 Millionen Menschen an Lohn einnehmen!

In Amerika nehmen die Stelle der Monarchen die Monopolisten ein. Und wenn sich in der angeblich »freien« Republik der Vereinigten Staaten von Nord-Amerika der Monopolismus nur noch kurze Zeit so weiter entwickelt, wie in den letzten 25 Jahren, so werden gar bald nur noch Luft und Licht von der Monopolisirung verschont geblieben sein. 500 Millionen Acker Landes, ungefähr das Sechsfache der Bodenfläche von Grossbritannien und Irland, sind im Laufe eines Menschenalters in den Vereinigten Staaten zur Hälfte den Eisenbahngesellschaften, zur anderen Hälfte Grossgrundhesitzern (europäisch-aristokratischer Abstammung) zugefallen. — — — In wenigen Jahrzehnten hat Vanderbilt allein 200 Millionen Dollars sich ergaunert. Ein paar Dutzend seiner Raubkollegen stehen im Begriffe, ihn einzuholen. San Francisco ist vor 30 Jahren erst gegründet worden und heute giebt es daselbst schon 85 Millionäre! Alle bis jetzt entdeckten Lager von Kohlen und Metallen, alle Oelquellen, kurz alle Bodenreichtümer des ungeheuren herrlichen Landes gehören schon jetzt (nach kaum 100-jähriger Etablirung der »Republik«) nicht mehr dem Volke, sondern einer Handvoll von verwegenen Abenteurern und raffinirten Gaunern.

Vor dem Einflusse dieser Börsenkönige, Eisenbahnmagnaten, Kohlenbarone und Schlotjunker sinkt die »Souveränität des Volkes« buchstäblich in den Strassenkot. Diese Kerle haben die ganzen Vereinigten Staaten in den Taschen, und was sich da an scheinbar freier Gesetz- und Stimmgeberei breit macht, ist eitel Mummenschanz.

Wenn so etwas am grünen Holze geschieht, was soll da erst am morschen Gebälk erwartet werden? Wenn die junge amerikanische »Republik« mit ihren unerschöpflichen Naturreichthümern in so kurzer Zeit derart kapitalistisch verludert werden konnte, was braucht man sich da noch über die Folgen länger wirkender Ursachen gleicher Art in dem altersschwachen verrotteten Europa zu wundern?!

Wahrlich, es scheint, als ob die amerikanische »Republik« vorläufig nur den einen kulturhistorischen Zweck gehabt hätte, dem Volke diesseits wie jenseits des atlantischen Ozeans durch krasse Thatsachen zu zeigen, welch ein Ungeheuer die Eigenthumsbestie ist, und dass weder Bodenbeschaffenheit noch Ausdehnung des Landes, noch politische Gesellschaftsformen die Bösartigkeit dieses Raubthieres zu alteriren vermögen, ja dass dasselbe um so gefährlicher sich zeigt, je weniger Notwendigkeit für die individuelle Habgier von Natur aus gegeben ist. Möge die arbeitende Menschheit daraus die Nutzunwendung schöpfen, dass dieses Ungeheuer nicht gezähmt oder ungefährlich oder gar gemeinnützig gemacht werden kann, sondern dass ihm gegenüber nur ein Heilmittel existirt: der unerbittliche, unbarmherzige und vollständigste *Vernichtungskrieg!*

Auf gütlichem Wege ist da nichts zu Erhoffen; höchstens hat das Proletariat Spott und Hohn zu gewärtigen, wenn es so kindisch ist, seinen Todtfeinden mit Petitionen, Abstimmungen u. dgl. Harmlosigkeiten Respekt einflössen zu wollen.

Allgemeine Volksaufklärung, sagen manche, werde Wandel schaffen; allein dieser Rath bleibt wesentlich auch nur eine Phrase; denn die Volksaufklärung wird erst dann allgemein möglich sein, wenn die Hindernisse, die sich derselben gegenwärtig in den Weg stellen, beseitigt sind. Und das ist nicht eher der Fall, als bis das ganze heutige System von Grund aus zerstört ist.

Damit soll natürlich nicht gesagt sein, dass in dieser Richtung *gar nichts* geschehen solle oder könne. Nein! Wer immer die Niedertracht der jetzigen Zustände erkannte, hat die heiligste Pflicht, überall seine Stimme zu erheben, um dem Volke über diese Dinge die Augen zu öffnen. Man muss sich aber hüten, diesen Zweck durch hochgelehrte Betrachtungen erreichen zu wollen. Möge das den ehrlicheren Männern der Wissenschaft überlassen bleiben, die auf solche Weise der sogenannten »gebildeten Welt« die Schminke der Humanität von der hässlichen Raubthierfratze kratzen. Die Sprache, welche das Proletariat verstehen soll, muss einfach und kräftig sein.

Wer diese führt, wird stets von der herrschenden Sippschaft der *Aufreizung* geziehen, grimmig gehasst und verfolgt werden. Daraus können wir ersehen, dass die einzig mögliche und praktische Aufklärung *aufreizender* Natur sein muss. — *Reizen wir also auf!*

Zeigen wir dem Volke, wie es durch Land- und Stadtkapitalisten um seine Arbeitskraft betrogen wird; wie es Krämer, Haus- und andere Wirthe um den kargen Lohn prellen; dass ihm Kanzel-, Press-, Partei- und andere Pfaffen den Verstand zu tödten suchen; wie zahllose Büttel ewig bereit sind, es zu malträtiren und zu tyrannisiren — endlich muss ihm die Geduld ausgehen. Es wird rebelliren und seine Feinde zermalmen.

Die Revolution des Proletariats, der Krieg der Armen gegen die Reichen, ist der einzige Weg, der zur Erlösung führen kann.

Aber, wenden Andere ein, Revolutionen lassen sich doch nicht machen. Gewiss nicht, aber *vorbereiten* kann man dieselben, indem man das Volk darauf aufmerksam macht, dass solche Ereignisse vor der Thüre stehen, und indem man es herausfordert, sich zu rüsten.

Die kapitalistische Entwickelung, von welcher viele Theoretiker behaupten, dass sie bis zur völligen Austilgung aller kleinbürgerlichen Existenzen gediehen sein müsse, ehe die Vorbedingungen zu einer sozialen Revolution gegeben seien, hat bereits einen solchen Höhepunkt erreicht, dass ihr weiterer Fortgang nahezu unmöglich geworden ist. *Allgemein* grossindustriell kann nur dann produzirt werden, und *allgemeiner* Grossbetrieb auf dem Lande kann nur dann stattfinden, wenn die Gesellschaft kommunistisch organisirt ist und wenn — was sich im letzteren Fall ganz von selbst versteht- mit der Entwickelung der Technik der Verkürzung der Arbeitszeit und die Erhöhung des Verbrauchs gleichen Schritt halten.

Das ist auch leicht einzusehen. Da beim Grossbetrieb 10 Mal, in manchen Fächern sogar 100 Mal mehr produzirt wird, als die betreffenden Arbeiter an gleichwerthigen Waaren verbrauchen, so bekommt die Trommel alsbald ein Loch. Bisher ist die überschüssige Differenz deshalb weniger vermerkt worden, weil der weitaus grösste Theil des sogenannten »Gewinnes« abermals kapitalisirt, d. h. zu neuen kapitalistischen Anlagen verwendet worden ist, und weil die weitest entwickelten Industriestaaten nach weniger fortgeschrittenen Ländern ungeheure Waarenmassen exportirten. Jetzt fängt die Sache aber an, in dieser Beziehung gewaltig ins Stocken zu gerathen. Der Industrialismus hat *überall* ungeheure Fortschritte gemacht; damit kommen Ausfuhr und Einfuhr mehr und mehr ins Gleichgewicht und schon deshalb lohnen sich neue Kapitalanlagen immer weniger, ja sie werden unter solchen Umständen bald ganz und gar unthunlich erscheinen. Ungeheure Weltkrisen werden dieses Missverhältniss gar bald zum allgemeinen Verständniss bringen.

Somit ist *Alles* für den Kommunismus reif; es brauchen nur dessen interessirten Gegner, die Kapitalisten und ihre Helfershelfer, beseitigt werden. In der Zeit der, wie gesagt, bevorstehenden Krisen wird das Volk auch genügend zum Kampfe bereit gemacht werden. Und es handelt sich dann nur darum, ob überall ein gehörig geschulter *revolutionärer Kern* vorhanden ist, der das Zeug dazu hat, die durch Arbeitslosigkeit und Elend aller Art zum Aufruhr getriebenen Volksmassen um sich zu krystallisiren und die so geformte gewaltige Kraft behufs Zertrümmerung des Bestehenden in das Spiel zu bringen.

Arbeiten wir also überall auf die Revolution hin, ehe es zu spät ist! Der Sieg des Volkes über seine Blutsauger und Tyrannen wird dann nicht ausbleiben können.

J. Most

* * * * * * * *

Schon vor 40 Jahren wurde die Geschichte der Eigenthumsbestie geschrieben und seitdem immer und immer wieder in allen erdenklichen Sprachen publizirt, nämlich im *Kommunistischen Manifest*, aus welchem wir im Nachstehenden alles Dasjenige reproduziren, was heute noch ebenso richtig ist, wie zur Zeit, wo es geschrieben wurde. (Die sonstigen Theile des Kommunistischen Manifest sind heute von keinerlei agitatorischem Werthe und überhaupt hinfällig.) Es heisst da:

»Die Geschichte aller bisherigen Gesellschaften ist die Geschichte von Klassenkämpfen.

Freier und Sklave, Patrizier und Plebejer, Baron und Leibeigener, Zunftbürger und Gesell, kurz Unterdrücker und Unterdrückte standen in stetem Gegensatze zu einander, führten einen ununterbrochenen, bald versteckten, bald offenen Kampf, einen Kampf, der jedesmal mit einer revolutionären Umgestaltung der ganzen Gesellschaft endete, oder mit dem gemeinsamen Untergang der kämpfenden Klassen.

In den früheren Epochen der Geschichte finden wir fast überall eine vollständige Gliederung der Gesellschaft in verschiedene Stände, eine mannigfaltige Abstufung der gesellschaftlichen Stellungen. Im alten Rom haben wir Patrizier, Ritter, Plebejer, Sklaven; im Mittelalter Feudalherren, Vasallen, Zunftbürger, Gesellen, Leibeigene, und noch dazu in fast jeder dieser Klassen wieder Klassen, wieder besondere Abstufungen.

Die aus dem Untergange der feudalen Gesellschaft hervorgegangene bürgerliche Gesellschaft hat die Klassengegensätze nicht aufgehoben. Sie hat nur neue Klassen, neue Bedingungen der Unterdrückung, neue Gestaltungen des Kampfes an die Stelle der alten gesetzt.

Unsere Epoche, die Epoche der Bourgeoisie, zeichnet sich dadurch aus, dass sie die Klassengegensätze vereinfacht hat. Die ganze Gesellschaft spaltet sich mehr und mehr in zwei grosse einander direkt gegenüberstehende Klassen: Bourgeoisie und Proletariat.

Aus den Leibeigenen des Mittelalters gingen die Pfahlbürger der ersten Städte hervor; aus dieser Pfahlbürgerschaft entwickelten sich die ersten Elemente der Bourgeoisie.

Die Entdeckung Amerikas, die Umschiffung Afrikas schufen der aufkommenden Bourgeoisie ein neues Terrain. Der ostindische und chinesische Markt, die Kolonisirung von Amerika, der Austausch mit den Kolonien, die Vermehrung der Tauschmittel und der Waaren überhaupt gaben dem Handel, der Schifffahrt, der Industrie einen nie geahnten Aufschwung, und damit dem bürgerlich-revolutionären Element in der zerfallenden feudalen Gesellschaft eine rasche Entwicklung.

Die bisherige feudale oder zünftige Betriebsweise der Industrie reichte nicht mehr aus für den mit den neuen Märkten anwachsenden Bedarf. Die Manufaktur trat an ihre Stelle. Die Zunftmeister wurden verdrängt durch den industriellen Mittelstand; die Thei- lung der Arbeit zwischen den verschiedenen Corporationen verschwand vor der Theilung der Arbeit in der einzelnen Werkstatt selbst.

Aber immer wuchsen die Märkte, immer stieg der Bedarf. Auch die Manufaktur reichte nicht mehr aus. Da revolutionirte der Dampf und die Maschine die industrielle Produktion. An die Stelle der Manufaktur trat die moderne grosse Industrie, an die Stelle des industriellen Mittelstandes traten die industriellen Millionäre, die Chefs ganzer industrieller Armeen, die modernen Bourgeois.

Die grosse Industrie hat den Weltmarkt hergestellt, den die Entdeckung Amerikas vorbereitete. Der Weltmarkt hat dem Handel, der Schifffahrt, den Landkommunikationen eine unermessliche Entwicklung gegeben. Diese hat wieder auf die Ausdehnung der Industrie zurückgewirkt, und in demselben Masse, worin Industrie, Handel, Schifffahrt, Eisenbahnen sich ausdehnten, in demselben Masse entwickelte sich die Bourgeoisie, vermehrte sie ihre Kapitalien, drängte sie alle vom Mittelalter her überlieferten Klassen in den Hintergrund.

Wir sehen also, wie die moderne Bourgeoisie selbst das Produkt eines langen Entwicklungsganges, einer Reihe von Umwälzungen in der Produktions- und Verkehrsweise ist.

Jede dieser Entwicklungsstufen der Bourgeoisie war begleitet von einem entsprechenden Fortschritt. Unterdrückter Stand unter der Herrschaft der Feudalherren, bewaffnete und sich selbst verwaltende Association in der Kommune, hier unabhängige städtische Republik, dort dritter steuerpflichtiger Stand der Monarchie, dann zur Zeit der Manufaktur Gegengewicht gegen den Adel in der ständischen oder zu der absoluten Monarchie, Hauptgrundlage der grossen Monarchieen überhaupt, erkämpfte sie sich endlich seit der Herstellung der grossen Industrie und des Weltmarktes im modernen Repräsentativstaat die ausschliessliche politische Herrschaft. Die moderne Staatsgewalt ist nur ein Ausschuss, der die gemeinschaftlichen Geschäfte der ganzen Industrie verwaltet.

Die Bourgeoisie hat alle bisherigen und mit frommer Scheu betrachteten Thätigkeiten ihres Heiligenscheines entkleidet. Sie hat den Arzt, den Juristen, den Pfaffen, den Poeten, den Mann der Wissenschaft in ihre bezahlten Lohnarbeiter verwandelt.

Die Bourgeoisie hat dem Familienverhältnis seinen rührend-sentimentalen Schleier abgerissen und es auf ein reines Geldverhältniss zurückgeführt.

Die Bourgeoisie hat enthüllt, wie die brutale Kraftäusserung, welche die Reaktion so sehr am Mittelalter bewundert, in der trägsten Bärenhäuterei ihre passende Ergänzung fand. Erst sie hat bewiesen, was die Thätigkeit der Menschen zu Wege bringen kann. Sie hat ganz andere Wunderwerke vollbracht, als egyptische Pyramiden, römische Wasserleitungen und gothische Kathedralen, sie hat ganz andere Züge ausgeführt, als Völkerwanderungen und Kreuzzüge.

Die Bourgeoisie kann nicht existiren, ohne die Produktionsinstrumente, also die Produktionsverhältnisse, also sämmtliche gesellschaftliche Verhältnisse fortwährend zu revolutioniren. Unveränderte Beibehaltung der alten Produktionsweise war dagegen die erste Existenzbedingung aller früheren industriellen Klassen. Die fortwährende Umwälzung der Produktion, ununterbrochene Erschütterung aller gesellschaftlichen Zustände, die ewige Unsicherheit und Bewegung zeichnet die Bourgeoisepoche vor allen früheren aus. Alle festen, eingerosteten Verhältnisse mit ihrem Gefolge von altehrwürdigen Vorstellungen und Anschauungen werden aufgelöst, alle neugebildeten veralten, ehe sie verknöchern können. Alles Ständische und Stehende verdampft, alles »Heilige« wird »entweiht«, und die Menschen sind endlich gezwungen, ihre Lebensstellung, ihre gegenseitigen Beziehungen mit nüchternen Augen zu betrachten.

Das Bedürfniss nach einem stets ausgedehnteren Absatz für ihre Produkte jagt die Bourgeoisie über die ganze Erdkugel. Ueberall muss sie sich einnisten, überall anbauen, überall Verbindungen herstellen.

Die Bourgeoisie hat durch ihre Exploitation des Weltmarktes die Produktion und Konsumtion aller Länder kosmopolitisch gestaltet. Sie hat zum grossen Bedauern der Reaktionäre den nationalen Boden der Industrie unter den Füssen weggezogen. Die uralten nationalen Industrieen sind vernichtet worden und werden noch täglich vernichtet. Sie werden verdrängt durch neue Industrieen, deren Einführung eine Lebensfrage für alle zivilisirten Nationen wird, durch Industrieen, die nicht mehr einheimische Rohstoffe, sondern den entlegensten Zonen ängehörige Rohstoffe verarbeiten, und deren Fabrikate nicht nur im Lande selbst, sondern in allen Welttheilen zugleich verbraucht werden. An die Stelle der alten, durch Landeserzeugnisse befriedigten Bedürfnisse treten neue, welche die Produkte der entferntesten Länder und Klimate zu ihrer Befriedigung erheischen. An die Stelle der alten lokalen und nationalen Selbstgenügsamkeit und Abgeschlossenheit tritt ein allseitiger Verkehr, eine allseitige Abhängigkeit der Nationen von einander. Und wie in der materiellen, so auch in der geistigen Produktion. Die geistigen Erzeugnisse der einzelnen Nationen werden Gemeingut. Die nationale Einseitigkeit und Beschränktheit wird mehr und mehr unmöglich, und aus den vielen nationalen und lokalen Literaturen bildet sich eine Weltliteratur.

Die Bourgeoisie reisst durch eine rasche Verbesserung aller Produktions-Instrumente, durch die unendlich erleichterten Kommunikationen alle, auch die barbarischesten Nationen in die Zivilisation. Die wohlfeilen Preise ihrer Waaren sind die schwere Artillerie, mit der sie alle chinesischen Mauern in den Grund schiesst, mit der sie den hartnäckigsten Fremdenhass der Barbaren zur Kapitulation zwingt. Sie zwingt alle Nationen, die Produktionsweise der Bourgeoisie sich anzueignen, wenn sie nicht zu Grunde gehen wollen; sie zwingt sie, die sogenannte Zivilisation bei sich selbst einzuführen, d. h. Bourgeois zu werden. Mit einem Wort, sie schafft sich eine Welt nach ihrem eigenen Bilde.

Die Bourgeoisie hat das Land der Herrschaft der Stadt unterworfen. Sie hat enorme Städte geschaffen, sie hat die Zahl der städtischen Bevölkerung gegenüber der ländlichen in hohem Grade vermehrt, und so einen bedeutenden Theil der Bevölkerung dem Idiotismus des Landlebens entrissen. Wie sie das Land von der Stadt, hat sie die barbarischen und halb barbarischen Länder von den zivilisirten, die Bauernvölker von den Bourgeoisvölkern, den Orient vom Occident abhängig gemacht.

Die Bourgeoisie hebt mehr und mehr die Zersplitterung der Produktionsmittel, des Besitzes und der Bevölkerung auf. Sie hat die Bevölkerung agglomerirt, die Produktionsmittel zentralisirt und das Eigenthum in wenigen Händen konzentrirt. Die nothwendige Folge hiervon war die politische Centralisation.

Die Bourgeoisie hat in ihrer kaum hundertjährigen Klassenherrschaft massenhaftere und kolossalere Produktionskräfte geschaffen, als alle vergangenen Generationen zusammen. Unterjochung der Naturkräfte, Maschinerie, Anwendung der Chemie auf Industrie und Ackerbau, Dampfschifffahrt, Eisenbahnen, elektrische Telegraphen, Urbarmachung ganzer Welttheile, Schiffbarmachung der Flüsse, ganze aus dem Boden hervorgestampfte Bevölkerungen — welches frühere Jahrhundert ahnte, dass solche Produktionskräfte im Schoss der gesellschaftlichen Arbeit schlummern?

Wir haben also gesehen: Die Produktions- und Verkehrsmittel, auf deren Grundlage sich die Bourgeoisie heranbildete, wurden in der feudalen Gesellschaft erzeugt. Auf einer gewissen Stufe der Entwicklung dieser Produktions- und Verkehrsmittel entsprachen die Verhältnisse, worin die feudale Gesellschaft produzirte und austauschte, die feudale Organisation der Agrikultur und Manufaktur, mit einem Wort die feudalen Eigenthums-Verhältnisse den schon entwickelten Produktivkräften nicht mehr. Sie hemmten die Produktion, statt sie zu fördern. Sie verwandelten sich in ebenso viele Fesseln. Sie mussten gesprengt werden.

An ihre Stelle trat die freie Konkurrenz mit der ihr angemessenen gesellschaftlichen und politischen Konstitution, mit der ökonomischen und politischen Herrschaft der Bourgeois-Klasse.

Unter unseren Augen geht eine ähnliche Bewegung vor. Die bürgerlichen Produktions- und Verkehrs-Verhältnisse, die bürgerlichen Eigenthums-Verhältnisse, die moderne bürgerliche Gesellschaft, die so gewaltige Produktions- und Verkehrsmittel hervorgezaubert hat, gleicht dem Hexenmeister, der die unterirdischen Gewalten nicht mehr zu beherrschen vermag, die er heraufbeschwor. Seit Dezennien ist die Geschichte der Industrie und des Handels, nur die Geschichte der Empörung der modernen Produktivkräfte gegen die modernen Produktions-Verhältnisse; gegen die Eigenthums-Verhältnisse, welche die Lebensbedingungen der Bourgeoisie und ihrer Herrschaft sind. Es genügt, die Handelskrisen zu nennen, welche in ihrer periodischen Wiederkehr immer drohender die Existenz der ganzen bürgerlichen Gesellschaft in Frage stellen. In den Handelskrisen wird ein grosser Theil nicht nur der erzeugten Produkte, sondern auch der bereits schon geschaffenen Produktivkräfte regelmässig vernichtet. In den Krisen bricht eine gesellschaftliche Epidemie aus, welche allen früheren Epochen als ein Widersinn erschienen wäre — die Epidemie der »Ueberproduktion.« Die Gesellschaft findet sich plötzlich in einen Zustand momentaner Barbarei zurückversetzt; eine Hungersnoth, ein allgemeiner Vernichtungskrieg scheinen ihr alle Lebensmittel abgeschnitten zu haben; die Industrie, der Handel scheinen vernichtet, und warum? Weil sie zu viel Zivilisation, zu viel Lebensmittel, zu viel Industrie, zu viel Handel besitzt. Die Produktivkräfte, die ihr zur Verfügung stehen, dienen nicht mehr zur Beförderung der bürgerlichen Eigenthums-Verhältnisse; im Gegentheil, sie sind zu gewaltig für diese Verhältnisse geworden, sie werden von ihnen gehemmt, und sobald sie dies Hemmniss überwinden, bringen sie die ganze bürgerliche Gesellschaft in Unordnung, gefährden sie die Existenz des bürgerlichen Eigenthums. Die bürgerlichen Verhältnisse sind zu eng geworden, um den von ihnen erzeugten Reichthum zu fassen. — Wodurch überwindet die Bourgeoisie die Krisen! Einerseits durch die erzwungene Vernichtung einer Masse von Produktivkräften; andererseits durch die Eroberung neuer Märkte und die gründlichere Ausbeutung der alten Märkte. Wodurch also? Dadurch, dass sie allseitigere und gewaltigere Krisen vorbereitet, und die Mittel, den Krisen vorzubeugen, vermindert.

Die Waffen, womit die Bourgeoisie den Feudalismus zu Boden geschlagen hat, richten sich jetzt gegen die Bourgeoisie selbst.

Aber die Bourgeoisie hat nicht nur die Waffen geschmiedet, die ihr den Tod bringen; sie hat auch die Männer gezeugt, die diese Waffen fuhren werden — die modernen Arbeiter, die Proletarier.

In demselben Masse, worin sich die Bourgeoisie, d. h. das Kapital entwickelt, in demselben Masse entwickelt sich das Proletariat, die Klasse der modernen Arbeiter, die nur so lange leben, als sie Arbeit finden, und die nur so lange Arbeit finden, als ihre Arbeit das Kapital vermehrt. Diese Arbeiter, die sich stückweise verkaufen müssen, sind eine Waare, wie jeder andere Handelsartikel, und daher gleichmässig allen Wechselfällen der Konkurrenz, Allen Schwankungen des Marktes ausgesetzt.

Die Arbeit der Proletarier hat durch die Ausdehnung der Maschinerie und die Theilung der Arbeit allen selbstständigen Charakter und damit allen Reiz für den Arbeiter verloren. Er wird ein blosses Zubehör der Maschine, von dem nur der einfachste, eintönigste, am leichtesten erkennbare Handgriff verlangt wird. Die Kosten, die der Arbeiter verursacht, beschränken sich daher fast nur auf die Lebensmittel, die er zu seinem Unterhalt und zur Fortpflanzung seiner Race bedarf. Der Preis einer Waare, also auch der Arbeit, ist aber gleich ihren Produktionskosten. In demselben Masse, in dem die Widerwärtigkeit der Arbeit wächst, nimmt daher der Lohn ab. Und gleichwie Maschinerie und Theilung der Arbeit zunehmen, so nimmt auch die Masse der Arbeit zu, sei es durch Vermehrung der Arbeitsstunden, sei es durch Vermehrung der in einer gegebenen Zeit geforderten Arbeit, beschleunigten Lauf der Maschinen u. s. w.

Die moderne Industrie hat die kleine Werkstube des patriarchalischen Meisters in die grosse Fabrik des industriellen Kapitalisten verwandelt. Arbeitermassen, in der Fabrik zusammengedrängt, werden soldatisch organisirt. Sie werden als gemeine Industriesoldaten unter die Aufsicht einer vollständigen Hierarchie von Unteroffizieren und Offizieren gestellt. Sie sind nicht nur Knechte der Bourgeoisklasse, des Bourgeoisstaates, sie sind täglich und stündlich geknechtet von der Maschine, von dem Aufseher, und vor Allem von den einzelnen fabrizirenden Bourgeois selbst. Diese Despotie ist umso kleinlicher, gehässiger, erbitternder, je offener sie den Erwerb als ihren letzten Zweck proklamirt.

Je weniger die Handarbeit Geschicklichkeit und Kraftäusserung erheischt, d. h. je mehr die moderne Industrie sich entwickelt, desto mehr wird die Arbeit der Männer durch die der Weiber verdrängt. Geschlechts- und Alters-Unterschiede haben keine gesellschaftliche Geltung mehr für die Arbeiterklasse. Es giebt nur noch Arbeitsinstrumente, die je nach Alter und Geschlecht verschiedene Kosten machen.

Ist die Ausbeutung des Arbeiters durch den Fabrikanten so weit beendigt, dass er einen Arbeitslohn baar ausgezahlt erhält, so fallen die anderen Theile der Bourgeoisie über ihn her, der Hausbesitzer, der Krämer, der Pfandleiher u. s. w.

Die bisherigen kleinen Mittelstände, die kleinen Industriellen, Kaufleute und Rentiers, die Handwerker und Bauern, alle diese Klassen fallen ins Proletariat hinab, theils dadurch, dass ihre Geschicklichkeit von neuen Produktionsweisen entwerthet wird. So rekrutirt sich das Proletariat aus allen Klassen der Bevölkerung.

Aber mit der Entwicklung der Industrie vermehrt sich nicht nur das Proletariat; es wird in grösseren Massen zusammengedrängt, seine Kraft wächst und es fühlt sie mehr. Die Interessen, die Lebenslagen innerhalb des Proletariats gleichen sich immer mehr aus, indem die Maschinerie mehr und mehr die Unterschiede der Arbeit verwischt und den Lohn fast überall auf ein gleich niedriges Niveau herabdrückt. Die wachsende Konkurrenz der Bourgeois unter sich und die daraus hervorgehenden Handelskrisen machen den Lohn der Arbeiter immer schwankender; die immer rascher sich entwickelnde, unaufhörliche Verbesserung der Maschinerie macht ihre Lebensstellung immer unsicherer; immer mehr nehmen die Kollisionen zwischen dem einzelnen Arbeiter und dem einzelnen Bourgeois den Charakter von Kollisionen zweier Klassen an. Die Arbeiter beginnen damit, Koalitionen gegen die Bourgeois zu bilden; sie treten zusammen zur Behauptung ihres Arbeitslohns. Sie stiften selbst dauernde Assoziationen, um sich für diese gelegentlichen Empörungen zu verproviantiren. Stellenweis bricht der Kampf in Erneuten aus.

Von Zeit zu Zeit siegen die Arbeiter, aber nur vorübergehend. Das eigentliche Resultat ihrer Kämpfe ist nicht der unmittelbare Erfolg, sondern die immer weiter um sich greifende Vereinigung der Arbeiter. Sie wird befördert durch die wachsenden Kommunikationsmittel, die von der grossen Industrie erzeugt werden und die Arbeiter der verschiedenen Lokalitäten mit einander in Verbindung setzen. Es bedarf aber blos der Verbindung, um die vielen Lokalkämpfe von überall gleichem Charakter zu einem Klassenkampfe zu zentralisiren. Jeder Klassenkampf aber ist ein politischer Kampf. Und die Vereinigung, zu der die Bürger des Mittelalters mit ihren Vizinalwegen Jahrhunderte bedurften, bringen die modernen Proletarier mit den Eisenbahnen in wenigen Jahren zu Stande.

Diese Organisation der Proletarier zur Klasse, und damit zur politischen Partei wird jeden Augenblick wieder gesprengt durch die Konkurrenz unter den Arbeitern selbst. Aber sie ersteht immer wieder, stärker, fester, mächtiger.

Von allen Klassen, welche heutzutage der Bourgeoisie gegenüber stehen, ist nur das Proletariat eine wirklich revolutionäre Klasse. Die übrigen Klassen verkommen und gehen unter mit der grossen Industrie, das Proletariat ist ihr eigenstes Produkt.

Die Mittelstände, der kleine Industrielle, der kleine Kaufmann, der Handwerker, der Bauer, sie Alle bekämpfen die Bourgeoisie, um ihre Existenz als Mittelstände vor dem Untergang zu sichern. Sie sind also nicht revolutionär, sondern konservativ. Noch mehr, sie sind reaktionär, sie suchen das Rad der Geschichte zurückzudrehen. Sind sie revolutionär, so sind sie es im Hinblick auf den ihnen bevorstehenden Uebergang ins Proletariat, so vertheidigen sie nicht ihre gegenwärtigen, sondern ihre zukünftigen Interessen, so verlassen sie ihren eigenen Standpunkt, um sich auf den des Proletariats zu stellen.

Die Lebensbedingungen der alten Gesellschaft sind schon vernichtet in den Lebensbedingungen des Proletariats. Der Proletarier ist eigenthumslos; sein Verhältniss zu Weib und Kindern hat nichts mehr gemein mit dem bürgerlichen Familienverhältniss; die moderne industrielle Arbeit, die moderne Unterjochung unter das Kapital, dieselbe in England wie in Frankreich, in Amerika wie in Deutschland, hat ihm allen nationalen Charakter abgestreift. Die Gesetze, die Moral, die Religion, sind für ihn eben so viele bürgerliche Vorurtheile, hinter denen sich ebenso viele Interessen verstecken.

Alle früheren Klassen, die sich die Herrschaft eroberten, suchten ihre schon erworbene Lebensstellung zu sichern, indem sie die ganze Gesellschaft den Bedingungen ihres Erwerbs unterwarfen. Die Proletarier können sich die gesellschaftlichen Produktivkräfte nur erobern, indem sie ihre eigene bisherige Gesellschaftsstellung und damit die ganze bisherige Aneignungsweise abschaffen. Die Proletarier haben Nichts von dem Ihrigen zu sichern, sie haben alle bisherige Privatsicherheit und Privatversicherungen zu zerstören.

Alle bisherigen Bewegungen waren Bewegungen von Minoritäten oder im Interesse von Minoritäten. Die proletarische Bewegung ist die selbstständige Bewegung der ungeheuren Mehrzahl im Interesse der ungeheuren Mehrzahl. Das Proletariat, die unterste Schicht der jetzigen Gesellschaft, kann sich nicht erheben, nicht aufrichten, ohne dass der ganze Ueberbau der Schichten, die die offizielle Gesellschaft bilden, in die Luft gesprengt wird.

Die wesentlichste Bedingung für die Existenz und für die Herrschaft der Bourgeoisklasse ist die Anhäufung des Reichthums in den Händen von Privaten, die Bildung und Vermehrung des Kapitals; die Bedingung des Kapitals ist die Lohnarbeit. Die Lohnarbeit beruht ausschliesslich auf der Konkurrenz der Arbeiter unter sich. Der Fortschritt der Industrie, dessen willenloser und widerstandsloser Träger die Bourgeoisie ist, setzt an die Stelle der Isolirung der Arbeiter durch die Konkurrenz ihre revolutionäre Vereinigung durch die Assoziation. Mit der Entwicklung der grossen Industrie wird also unter den Füssen der Bourgeosie die Grundlage selbst weggezogen, worauf sie produzirt, und die Produkte sich aneignet. Sie produzirt vor Allem ihre eigenen Todtengräber. Ihr Untergang und der Sieg des Proletariats sind gleich unvermeidlich.«

Die Freie Gesellschaft

Das höchste Glück, welches der Mensch erreichen kann, ist ein Zustand, wo Jeder mit möglichst geringfügiger Anstrengung die denkbar vollkommenste Befriedigung aller seiner Bedürfnisse bewerkstelligt. Je mehr man sich diesem Verhältniss annähert, desto entschiedener wird man seine individuelle Freiheit gewahrt finden. Denn je kürzer jener Zeitabschnitt ist, innerhalb welchem der Mensch die Mittel zu seinen höchsten Lebenszwecken *erzeugt*, ein desto längerer Zeitabschnitt ist ihm zum *Genuss* belassen. Wenn es vielleicht nie möglich sein wird, die Theilnahme an der Produktion der Güter jeder Unannehmlichkeit zu entkleiden, so liegt es auf der Hand, dass umgekehrt, der unbeschränkte Güterverbrauch den individuellen Neigungen den weitesten Spielraum lässt und die Höhe des Genusses wesentlich mit dem persönlichen Willen und Bedürfniss in Einklang zu bringen erlaubt. Es wird also ein System zu finden sein, bei welchem die Menschen mehr und mehr die Erzeugung ihrer Verbrauchsgegenstände sich erleichtern. Dieses System ist die Waarenerzeugung durch organisirte Arbeitskräfte und mit gemeinsamen Arbeitsmitteln - mit anderen Worten: die *kommunistische Produktionsweise.*

In technischer Beziehung ist über die Wahrheit dieser Voraussetzung längst kein Zweifel mehr möglich; denn die gegenwärtige Entwickelung der Produktionsverhältnisse lehrt mit jedem Tage einleuchtender, dass im gleichen Grade, wie sich der Produktionsprozess organisatorisch vervollkommnet, *mehr* Waaren durch *weniger* Arbeitskräfte in gleicher Zeit verfertigt werden können. Und nur weil die Arbeitszeit beim Fortgang dieser Entwickelung keine stufenweise Verkürzung erfährt, und weil den arbeitenden Volksmassen unter dem Regimente des Privatkapitalismus durch parasitenartige Nichtarbeiter das Recht auf die Konsumtion bis zu dem Minimum der blossen Existenzmöglichkeit beschränkt wird, steigt mit der Leistungsfähigkeit der produktiven Menschen deren Mühseligkeit und Lebensunsicherheit. Die Völker hungern aus Ueberfluss an Nahrung, frieren aus allzu grossem Reichthum an Heizungsmaterialien, gehen verlumpt wegen einer zu riesigen Menge fertiger Kleider umher, und haben kein Obdach, weil es zu viele schöne Wohnungen giebt! – –

Dieses absurde Verhältniss beweist, dass der schwierige Punkt nicht mehr auf dem Gebiete der Produktion, sondern auf dem der Konsumtion liegt. Es ist keine Rede mehr davon, dass die Bedürfnissgegenstände der Menschen nicht in genügender Menge oder Geschwindigkeit verfertigt werden könnten. Es handelt sich blos darum, diese nahezu unerschöpfliche Leistungsfähigkeit auf produktivem Gebiete in Einklang zu bringen mit den menschlichen Bedürfnissen, indem alle jene Dinge hinweg geräumt werden, welche der Befriedigung derselben die denkbar engsten Schranken auferlegen.

Hier muss also der Hebel angesetzt werden! – Es ist nicht nöthig, in organisatorischer Beziehung auf dem Gebiete der Produktion einen Stillstand zu proklamiren oder gar auf frühere Formen der produktiven Organisationen zurückzugreifen; vielmehr darf und muss an den bestmöglichen Ausbau bereits vorhandener Organisationen der Industrien. Landwirthschaft, des Verkehrswesens u. s. w. gedacht werden. Je riesiger dieselben sich gestalten, desto leistungsfähiger sind sie nach unwiderlegbarer Erfahrung. Das ist eine mathematische Wahrheit, und es kann der zukünftigen Menschheit nicht einfallen wollen, sich der Vortheile, welche sich ganz von selbst daraus ergeben, zu entschlagen.

Um was es sich handelt, das ist einzig und allein die gleichmässige Nutzbarmachung der Ergebnisse, welche die Waarenproduktion durch die denkbar grossartigst organisirte Arbeit darbietet, *für alle Menschen.*

Das kann geschehen, wenn die Arbeitsbienen die Drohnen beseitigen!

Und ein neues, freies Arbeits- und Genuss-System kann sehr wohl etablirt werden, ohne dass sich die produktive Organisationskraft zu zersplittern und aufzulösen braucht, aber auch ohne dass über allen diesen tausendfältigen organischen Produktionsgebilden sich ein neues Herrschaftsgebäude (eine Archie) erhebt. Der Anarchismus (die Nichtherrschaft) ist nicht – wie böswillige Leute behaupten – ein Feind harmonischer, zweckmässiger Organisation, sondern ein Feind der tyrannisch (herrisch – herrschaftlich) gegliederten Verwaltung.

Einem althergebrachten politischen Aberglauben gemäss, blickten Diejenigen, welche an die Lösung der sozialen Frage dachten, überall zunächst zum Staat, wie zu einer Art göttlicher Allmacht empor und redeten sich ein, dass diese unbegriffene Gewalt der geeignete Faktor sei, alles Gute in die Welt zu setzen, wenn sie nur in der geeigneten Weise dazu veranlasst würde. An die Stelle der »himmlischen Mächte«, welche der bedrängte Mensch in früheren Zeiten noch grösseren Unverstandes um Glück und Segen anflehte, war gewissermassen ein politischer Herrgott getreten.

Diese Anbeterei des Staates war ebenso naiv, wie die Gottesverehrung. Wie sich die Gläubigen von ehedem einen aussernatürlichen Regulator der Dinge vorstellten, so träumten die Neugläubigen von einer ausser- und übergesellschaftlichen Staatsmacht. Sie begriffen also nicht, dass der Staat nichts Anderes ist, als ein Gewaltsorganismus, welcher von Denen geschaffen und gehandhabt wird, deren materielle Stellung in der Gesellschaft es erlaubt, die Uebrigen auszubeuten und zu unterdrücken. Was sie gegen die herrschenden Klassen glauben in das Spiel bringen zu können, ist nichts Anderes, als die organisirte Tyrannei derselben. Es wäre nicht minder naiv gewesen, wenn sie in der Einbildung gelebt hätten, die Emanzipation des Proletariats müsse durch die Bourgeosie besorgt werden; denn es würde das aufs Nämliche hinausgelaufen sein.

Im öffentlichen Leben haben eben die Menschen das Affenartige bisher ebenso wenig ganz abstreifen können, wie in ihrem privaten Handeln. Weil den Arbeitern die Geschichte lehrt, dass jedesmal, wenn eine Volksklasse sich frei machte, dieselbe vor Allem die Staatsgewalt in ihre Hände zu bekommen trachtete, so wurde daraus der falsche Schluss gezogen: dass das Proletariat auch zunächst »an's Ruder« kommen müsse, bevor etwas Weiteres geschehen könne.

Es wurde dabei übersehen, dass es bei den bisherigen Gesellschaftsumwälzungen sich nur darum handelte, an die Stelle einer herrschenden Klasse eine *andere* zu setzen, nicht aber die Freiheit des ganzen Volkes zu errichten. Wenn z. B. bei dem jüngsten dieser Umgestaltungsprozesse die Bourgeoisie die Staatsgewalt eroberte und dieselbe fester als je organisirte, so begreift sich das sehr wohl. Sie hatte mittelst dieser Macht einerseits die Aristokratie alten Schlages so empfindlich wie möglich zu treffen, resp. lahm zu legen, und andererseits sich dahinter vor dem arbeitenden Volke, das sie auszubeuten beabsichtigte, zu verschanzen.

Ganz anders steht es hinsichtlich des Strebens der arbeitenden Volksmassen von heute. So weit dasselbe konsequenter Natur ist – und unklare oder halbheitliche Seitenströmungen können hier überhaupt nicht in Betracht kommen – läuft es doch wahrhaftig nicht darauf hinaus, eine neue Klassenherrschaft zu etabliren; vielmehr wird zum ersten Male die *Abschaffung* aller Klassenvorrechte und mithin der Klassen selbst angestrebt.

Gegen wen also sollte sich ein neues Gewaltsinstrument – ein Staat – kehren? Wessen Privilegien sollte er schützen? Wer sollte durch ihn unterjocht und im Zaume gehalten werden?

Vielen sozialistischen Schriftstellern scheinen diese Fragen sich schon längst aufgedrängt zu haben, so oft sie an den Zusammenbruch des Bestehenden und an die Neugestaltung des ganzen sozialen Lebens dachten. Aber gewöhnlich schlichen sie gar sachte daran vorbei, gerade als ob eine präzise Antwort, die natürlich in der Verneinung des Staates hätte gipfeln müssen, ihr schlechteres Ich zu erschrecken geeignet gewesen wäre.

So sagten sie denn: es werde das Proletariat zur *Herrschaft* gelangen; aber in dem nämlichen Augenblick, wo das der Fall sei, *höre diese Herrschaft wieder auf*, weil der Gegenstand der Beherrschung fehle!! – Solche und ähnliche Flunkereien sollten darüber hinweghelfen, eine kühne Wahrheit aussprechen zu müssen.

Wäre man anders zu Werke gegangen, hätte man den letzten Rest der in die Anfänge der sozialistischen Bewegung noch stark hineinspielenden jakobinisch-liberalen und bourgeois-radikalen Doktrinen, die man aus sogenannten Nützlichkeitsgründen glaubte mehr oder weniger schonen zu müssen, total über Bord geworfen – so wäre man sicher seitens der Arbeiter aller Länder (auch der deutschsprachlichen) längst zu der Ansicht gelangt, dass die Sozialisten nicht diesen oder jenen roth angelaufenen Extrastaat anzustreben haben, sondern dass sie im Gegentheil die Staatsidee als solche bekämpfen und verneinen müssen. Das ganze sinnlose Geschwafel von »Volksstaat«, »Freistaat« u. s. w. wäre dann der Welt erspart geblieben, und das Proletariat wäre an prinzipieller Klarheit bedeutend weiter.

Dass eine Staatsgewalt (Archie) in einer freien Gesellschaft sich ganz von selbst als hinfällig erweist, lässt sich leicht begreifen, wenn man die Zwecke betrachtet, welche bisher der Staat zu erfüllen hatte.

Die Gesetzgeberei dreht sich durchweg um Mein und Dein. In einer Gesellschaft, wie die heutige ist; in einer Gesellschaft, wo ein beständiger Krieg Aller gegen Alle, wo wilder Kampf um's Dasein herrscht, in einer Gesellschaft, wo ein kleiner Prozentsatz der Bewohner auf Bergen von Reichthümern thront, während die Mehrheit des Volkes, selbst bei angestrengtester Arbeitskraft, nicht immer Aussicht hat, auch nur vegetiren zu können, und wo Hunderttausende dem nackten Elend ausgesetzt sind – in einer solchen Gesellschaft verstehen sich dickleibige Strafkodexe, zahllose Exekutoren, Richter, Staatsanwälte, Gensdarmen, Polizisten, Gefängnisse, Justizhallen und hundert ähnliche »Ordnungs«-Instrumente ganz von selbst. In einer Gesellschaft aber, wo jeder Mensch in der Lage ist, seine Daseinszwecke ungeschmälert zu geniessen, wo ein gleichheitliches und hochentwickeltes Erziehungswesen jedem Individuum die Möglichkeit darbietet, von den Ergebnissen einer frei entfalteten Wissenschaft nach Herzenslust zu zehren, und wo die Gegensätze zwischen Arm und Reich total unbekannt sind, hören mit den Ursachen der Verbrechen diese selbst auf, in Erscheinung zu treten. Der Zweck einer Strafgesetzgebung ist nicht mehr vorhanden. Der damit zusammenhängende Beamtenapparat ist überflüssig geworden. Aehnlich steht es mit der sonstigen Gesetzgeberei.

Die in gesetzliche Käfige gezwängten Menschen von heute werden in den Augen der künftigen Gesellschaft wie die Insassen eines zoologischen Gartens erscheinen.

Selbst solche Dinge, welche nur geschehen können nach vorhergegangener Uebereinkunft, bedingen keine solchen Institutionen, wie Verfassungen, Gesetze oder Parlamente. Niemals werden wirklich freie Völker ein Bedürfniss empfinden können, ihre freie Entwickelung durch gesetzliche Zwangsjacken und Fanggruben hemmen zu wollen. Die Entscheidung von Fall zu Fall, und zwar unter allseitiger persönlicher Betheiligung Derer, welche im öffentlichen Interesse etwas ins Werk setzen wollen, wird sich unter freien Menschen ganz von selbst verstehen. Man wird sich seiner Vorfahren, die derart versklavt waren, dass sie glaubten, es werde die Menschheit nie ohne Vormünder, Repräsentanten und Autoritäten, beengende Satzungen und Leitseile existiren können, – geradezu *schämen*.

Andere Einrichtungen, welche mit der Staatlerei aufs Engste verwachsen sind, wie: Militarismus, Pfaffenthum und dergleichen, brauchen wir wohl nicht erst als entbehrlich zu kennzeichnen. Der Massenmord und dessen Träger aller Art – die Gurgelabschneider und die Hirnerweicher – stehen und fallen mit der jetzigen Periode sozialer Ordnungslosigkeit und Tyrannei.

Die künftige Gesellschaft kennt nur noch ökonomische, erziehliche, wissenschaftliche – kurz, solche Institutionen, welche sich dazu eignen, den Menschen – Allen, wie Jedem – die Daseinsschwierigkeiten so viel wie möglich zu verringern und den Lebensgenuss zu erhöhen. Hundert- und tausendfältig in einander geschlungen – wie es die Zweckmässigkeitsgründe gestalten werden – mögen diese mannigfaltigen organischen Gebilde ein harmonisch ineinander greifendes Bäderwerk darstellen, aber vergeblich wird man treibende Zentralkräfte und geschobene Nullheiten suchen; es wird vielmehr ein gleiches Verhältniss existiren, wie im Weltall, wo in dem kleinsten Partikelchen der Materie die nämlichen Prinzipien der Kräfte vorwalten, welche den Gesammtmechanismus des Universums bewegen. Das – und nichts Anderes – wird der vielgefürchtete, verlästerte *Anarchismus* sein.

Hört ein Staatsfanatiker, dass Unsereiner einen Gesellschaftszustand erstrebt, in welchem der Staat zu den überwundenen Sachen gehört, so heult er zähneklappernd, als habe ihm Jemand das Ende aller Dinge in Aussicht gestellt.

Es sieht das gerade so aus, als ob mit der Abschaffung des Staates die Menschen in alle Winde zerstieben müssten, oder als ob durch das Aufhören der Staatlerei alle naturgemässen und kulturhistorisch gewordenen Organisationen, welche in einer entwickelten Technik, einem netzartig ausgebreiteten Verkehrswesen und dem kommunalen Zusammenwohnen gegeben sind, hinfällig würden.

Man braucht aber wenig Scharfsinn dazu, um auszufinden, dass diese Einrichtungen nicht an das Sein und Nichtsein eines Staates gebunden sind, sondern lediglich in ihrem Fortbestande und ihrer Weiterentwickelung von den praktischen Anforderungen, welche die Menschen an sie stellen, abhängen. Je mehr sie denselben entsprechen, desto entschiedener werden sie festgehalten, resp. fortgebildet werden. Denn man muss sich nicht einbilden, dass die Menschen in dem Augenblicke, wo sie sich vom staatlichen Zuchtmeister emanzipiren und für mündig erklären, den Verstand verlieren und lauter dumme Streiche gegen ihr eigenes Wohlergehen in Szene setzen.

Nun gilt – heute schon steht fest, dass die Industrie und Landwirthschaft desto leistungsfähiger sind, je grossartiger sie betrieben werden; mithin liegt es auf der Hand, dass sich die Arbeitskräfte der einzelnen Produktionszweige in der künftigen Gesellschaft möglichst einheitlich organisiren werden.

Möglichst *einheitlich* – das ist nicht gleichbedeutend mit »stramm zentralistisch«. Bei unserer Voraussetzung, nach welcher solche Organisationen nicht von oben herab oder von einem Zentrum sozusagen erpresst werden können, sondern auf Grund der augenscheinlichen Zweckmässigkeit sich von allen Seiten gleichmässig und frei gestalten müssen, ist das föderalistische Prinzip förmlich als *selbstverständlich* gegeben. Grosse, wie kleine Abtheilungen (Gruppen) eines Produktionszweiges können natürlich ihre inneren Verhältnisse ganz nach, ihrer speziellen Neigung regeln; es ist da durchaus keine Schablone nöthig. Da arbeitet man vielleicht nur Vormittags, dort nur Nachmittags; in einer dritten Abtheilung zieht man es vor, jeden zweiten Tag Vor- und Nachmittags zu arbeiten, dafür aber jedem Arbeitstage einen Ruhetag folgen zu lassen. In der einen Gruppe führt man gleichmässige Arbeitszeit und gleichmässigen Antheil am Ertrag der Thätigkeit der ganzen Gruppe ein; andere Gruppen überlassen es ihren einzelnen Mitgliedern, bald mehr, bald weniger thätig zu sein und dementsprechend beim Vertheilen des Ertrages gehalten zu werden. In manchen Gruppen wollen vielleicht Alle, die dazu gehören, mehr leisten, als in anderen Gruppen üblich ist, und dafür auch desto reichlicher geniessen, während auch der umgekehrte Fall denkbar ist: Verzicht auf einen Theil der durchschnittlich erreichbaren materiellen Genüsse und dafür desto kürzere Arbeitszeit, resp. desto mehr Gelegenheit zur Ergehung im geistigen Genüsse. Unter solchen Verhältnissen ist die Möglichkeit gegeben, dass sich die Neigungen der Einzelnen in ihren verschiedensten Spielarten Berücksichtigung verschaffen, ohne dass der allgemeine Zweck dadurch beeinträchtigt würde. Jeder sucht sich eine solche Gruppirung von Individuen aus, welche in ihren Neigungen den seinigen am nächsten stehen. Aendert sich seine Neigung, so mag er entsprechend seine örtliche Stellung mit einem Ändern vertauschen. Das ist eben das Grossartige und Naturgemässe beim föderalistischen System: dass es der individuellen Freiheit den weitesten Spielraum gewährt, aber gleichzeitig auch ein ordnendes Band um alle Elemente schlingt, welche im Grossen und Ganzen den gleichen Zwecken dienen.

Eine zentralistische Organisation hingegen ist stets verknüpft mit einem starren Kasernenwesen. Das menschliche Individuum giebt sich da nicht mehr freiwillig hin, nein, es geht in dem Organismus völlig unter. Konsequent durchgeführter Zentralismus ist Diktatur einer persönlichen Spitze über die Masse – *Monarchismus – Tyrannei!* – Konsequent durchgeführter Föderalismus ist wirkliche, d. h. gleichheitliche Freiheit Aller, wie der Einzelnen – ist *Herrschaftslosigkeit – Anarchismus!*

Zentralismus ist in letzter Instanz Verknöcherung, *Kastenthum, Chineserei.* Föderalismus ist Ideenwettkampf, elastischer Entwickelungsschwung, rastloser Kulturfortschritt. *Anarchismus ist die Harmonie der Menschheit!*

Einige Anarchisten französischer Schule gehen in dieser Beziehung weiter und sagen, es werde in der zukünftigen Gesellschaft jegliche systematische Gliederung und insbesondere jede auch die freiwillig eingegangene Arbeitspflicht fehlen; ebenso könne da von einem Einkommen der Individuen je nach deren Arbeitsleistung nicht die Rede sein, weil ein solches Verhältniss nicht die volle und ganze individuelle Freiheit darstelle. Sie sagen, alle vorhandenen Dinge müssen da einfach Jedem zur unbeschränkten Verfügung stehen und Jeder werde dann schon ganz von selbst das Seinige zur Genussmittel-Erzeugung etc. beitragen. Diese Erklärung ist allerdings ungemein einfach, dürfte jedoch in weiteren Kreisen nur sehr schwach einleuchten und kann mithin als Agitations-Faktor keine besonders grosse überzeugende Kraft besitzen.

Wer kann überhaupt wissen, wie sich die Dinge äussersten Falles gestalten. Wir geben uns vorläufig damit zufrieden, solche Verhältnisse für die Zukunft zu muthmassen – denn über die Muthmassung hinaus geht natürlich Alles, was in dieser Hinsicht gesagt werden kann, überhaupt nicht, – welche die phantasiefreie Logik der Thatsachen nahe legt.

Jene Folgerung, wornach die Menschen der Zukunft ohne jede eingegangene Verpflichtung thätig sein werden, geht von der Annahme aus, dass alle Menschen eine angeborene Arbeits*lust* haben. Die Arbeit ist aber jedenfalls nur ein *nothwendiges Uebel*, eine unangenehme Sache, welche niemals ihrer selbst willen, sondern nur ihres Zweckes halber, nämlich deshalb betrieben wird, weil ohne Arbeit Genussmittel nicht hergestellt werden können. Eine Arbeitslust gibt es daher nicht, wenn auch manche Arbeit unter dem Einfluss der Gewohnheit etc. mehr oder weniger gern verrichtet und förmlich wie eine Spielerei betrieben werden mag.

Im Uebrigen ist jedenfalls dieser Punkt viel zu spekulativer Natur, als dass derselbe als Zankapfel angesehen werden sollte. Wir erwähnten denselben nur, um in dieser Beziehung die von einander abweichenden Schulmeinungen zu registriren.

Gleichzeitig bemerken wir von vornherein, dass Alles, was wir im Nachstehenden zu sagen haben, keineswegs positive Vorschläge hinsichtlich der künftigen Gesellschaft vorstellen soll, wie vielfach behauptet worden ist, sondern, dass wir hier nur *Muthmassungs*-Betrachtungen anstellen, um die Möglichkeit einer freien Gesellschaft, gleichsam per Anschauungs- und Exemplifikations-Unterricht zu illustriren.

Da die früher erwähnten Organisationen nicht blos Menschen repräsentiren, sondern auch Sachen – Grund und Boden, Fabriken, Werkzeuge, Rohstoffe und fertige Verbrauchsartikel – so fragt es sich: *Wem* gehören diese Dinge?

Was die fertigen Sachen anbetrifft, so gehören sie vermuthlich zunächst derjenigen Organisation, aus deren Thätigkeit sie hervorgegangen sind. Was dagegen die *Produktionsmittel* anbelangt, so sind sie ebenso wahrscheinlich Eigenthum der ganzen Gesellschaft, bleiben jedoch den einzelnen Produktiv-Organisationen, deren Zweck sie dienen sollen, so lange frei überlassen, als diese nicht den Versuch machen, mittelst derselben andere Organisationen oder die Gesellschaft als solche zu schädigen – etwa indem sie sich monopolistisch gebärden und die ausser ihnen stehenden Organisationen oder das Volk überhaupt zu brandschatzen suchen.

Wo aber bleibt dann die geeignete Macht, solchen Frevel angemessen zu ahnden, nachdem doch jegliche Staatsgewalt beseitigt worden?

Diese Macht liegt einfach in den Händen der Konsumenten, welchen es in ihrer Gesammtheit gar nicht einfallen kann, sich von einer verhältnissmässig kleinen Rotte über das Ohr hauen zu lassen.

Aber betrügen denn nicht heutzutage auch wenige Monopolisten die ganze breite Masse des konsumirenden Publikums, ohne dass dasselbe dagegen etwas thun kann?

Gewiss ist das *heute* der Fall; aber gerade *weil* es eine Staatsgewalt giebt, welche die Monopolisten und ähnliche Gauner in ihren räuberischen Vorrechten *schützt* und jede zweckdienliche und rasch wirkende Massregel, die das Volk dagegen in's Werk setzen könnte, zu einem Verbrechen stempelt. Manipulationen, die auf die Uebervortheilung und Brandschatzung hinauslaufen, können nur dann von irgend welchen Bruchtheilen der Gesammtheit gegen diese in Anwendung gebracht werden, wenn die betreffenden Betrüger eine herrschende Klasse bilden und so im Stande sind, die Resultate ihres Raubes durch staatliche Gewalt vor jedem Angriff seitens der Beraubten zu schützen.

In einer freien (staatslosen) Gesellschaft scheitern solche Raubversuche schon beim ersten Auftauchen einer diesbezüglichen böswilligen *Absicht* an dem allgemeinen *Unwillen*, welcher nöthigenfalls sich zu einem thatkräftigen *Handeln* zu steigern vermöchte.

Zu solchen Einwürfen gelangt man überhaupt nur, wenn man die Eigenschaften, welche die naturnothwendigen Folgen der *heutigen* Gesellschaft sind, den Menschen der *künftigen* (freien) Gesellschaft willkürlich andichtet und dabei vergisst, dass die Karakter-Eigenthümlichkeiten der heutigen Menschen mit dem jetzigen Systeme stehen und fallen müssen.

Wenn einmal die Gesellschaft Grund und Boden und alle zur Produktion von Waaren nöthigen Dinge prinzipiell als gemeinsames Eigenthum betrachtet, so ist der Fall auch ausgeschlossen, dass sich die Gesammtheit von einzelnen ihrer Theile betrügen lässt.

Freilich, wenn die Gesellschaft der Zukunft so dumm sein sollte, sich nach dem Muster der gegenwärtigen zentralistisch-staatlich zu organisiren, dann wäre es allerdings möglich, dass z. B. die jeweilige herrschende Majorität die Minorität betröge, vielleicht gar zur Zwangsarbeit presste und selber faullenzte; oder auch, dass eine raffinirt ersonnene und fest gegliederte Beamten-Hirarchie, bestehend aus zahllosen Drohnen, die Massen – wie im Inka-Staate der alten Peruaner – ausbeutete und tyrannisirte.

Aber, wie gesagt, einen solchen Missgriff trauen wir den Menschen der nach revolutionären Epoche nicht zu. Dieselben werden, gewitzigt durch die unendlich bitteren Lehren der Geschichte, nicht »neuen Wein in alte Schläuche giessen«; sie werden erkennen, dass sich Einrichtungen, welche die Knechtschaft erzeugt und erhalten haben, nicht für die Freiheit schicken; sie werden nach Zertrümmerung des altherkömmlichen teuflischen Zentralismus sich dem allbelebenden Föderalismus hinsichtlich ihrer Organisationen zuwenden.

Stehend auf dem Boden gemeinsamen Kapitals und föderalistisch organisirt, wird die Menschheit die Ausbeutung der Einen durch die Anderen, alles Herrschen und jede Knechtschaft für immer verbannt haben.

Die Ausbeutung der Einen durch die Anderen findet heutzutage nicht blos auf dem Gebiete der Produktion statt, sondern mehr noch auf dem der Waarenvertheilung. Die fertigen Produkte wandern durch die Hände zahlloser Schacherer, von denen kein Einziger denselben irgend einen Mehrwerth zusetzt, die aber nur zu häufig Fälschungen, d. h. Verschlechterungen damit vornehmen, und die dennoch die Preise der Gebrauchsgegenstände derart in die Höhe treiben, dass deren nomineller Werth (in Geld ausgedrückt) in demselben Augenblicke, wo sie den eigentlichen Konsumenten zufliessen, verglichen mit ihren Herstellungskosten, verdoppelt, ja nicht selten verzehnfacht erscheinen muss.

In der freien Gesellschaft kann von einer solchen Räuberei keine Rede mehr sein. Die Produzenten, welche ja auch sammt und sonders Konsumenten sind, tauschen die durch sie erzeugten Waaren *ohne* das Dazwischentreten des Handels und einer damit verknüpften Profitmacherei aus.

Hierzu ist allerdings vermuthlich ein *Vermittelungs*-Institut nöthig.

»Heiliger Staat hilf!« ruft uns ironisch ein vom Herkommensteufel Besessener zu. Gemach! Auch hierzu benöthigt man des Mandarinenthums nimmermehr. Denn so sehr es auf der Hand liegt, dass es höchst unpraktisch wäre, wenn sich jeder einzelne Konsument an die verschiedenartigsten Produktionsorganisationen wenden würde, um von denselben seine mannigfaltigen Bedürfnissgegenstände zu beziehen, so wenig könnte es praktisch erscheinen, wenn da sozusagen ein Staatskrämer den Vermittler spielen wollte.

Dieselben Menschen, denen die Zweckmäßigkeit lehrt, wie sie sich zu organisiren haben, um die Waarenerzeugung so vortheilhaft wie möglich zu betreiben, ohne ihre individuelle Freiheit zu gefährden – dieselben Menschen können auch den Waarenaustausch nicht andere, als auf dem Wege freiwillig gebildeter Konsumtionsorganisationen bewerkstelligen wollen.

Der Zusammenschluss einer Anzahl von Menschen zum Zwecke des gemeinsamen Waarenbezuges lässt sich in den verschiedensten Formen denken. Höchst wahrscheinlich ist es aber, dass die betreffenden Verbände mehr oder weniger begrenzt sind. Während sich bei manchen produktiven Organisationen eine weitgedehnte Gliederung über das ganze Gebiet der freien Gesellschaft hin als zweckdienlich, ja vielleicht als unerlässlich erweisen dürfte, ist auf dem Gebiete des Waarenverbrauches kaum eine mehr als kommunale Organisation nöthig.

Wenn es den Bewohnern eines Ortes beliebt, so werden sie sich etwa gleich als ganze Kommune die Regelung des Waarenvertriebes angelegen sein lassen. Sie werden dann in diesem Falle kommunale Waarenmagazine errichten, denen jeder Einzelne seinen Bedarf entnehmen könnte. Andererseits wird die Konsumtionsgemeinde, wie man eine solche Organisation füglich nennen möchte, sich mit ihren Bestellungen direkt an die Verbände der verschiedenen Produktions-Organisationen wenden.

Ist eine solch' ausgedehnte Organisation des Genussmittel-Vertriebes aber da und dort nicht nach dem Geschmacke Aller, so mögen sie sich in grösseren oder kleineren Konsumvereinen mit oder ohne kommunale Föderation konstituiren. Es lässt sich in dieser Beziehung nichts vorher sagen, nach welcher Richtung hin sich diese Dinge zunächst Bahn brechen. In erster Linie kommt dabei eben die Neigung Derer in Betracht, welche in der Lage sind, solche Organisationen zu schaffen. In zweiter Linie wird höchst wahrscheinlich die *Praxis* jenes Systems, welches sich als das zweckmässigste erweist, sich ganz von selbst mehr und mehr Bahn brechen.

Bei dem Aufbau der Dinge nach freier Entschliessung der Betheiligten ergiebt sich eben unter Anderem auch der Vortheil, dass eine Manigfaltigkeit von Erscheinungen *gleichzeitig* zur Geltung kommen kann, was eine vergleichende Beobachtung zulässt und so ohne jeden Zwang das Beste an sich über das weniger Vollendete durch den überzeugenden Einfluss der Bewährtheit zum Durchbruch und zu *allgemeiner* Anerkennung bringt; wo hingegen die Dekretirung der Dinge durch Majoritäts- oder sonstige Gewalten von vornherein allen durch sie zu Stande gekommenen Einrichtungen den Stempel der Einseitigkeit aufdrückt und einen hochgradig konservativen Karakter verleiht.

Vielleicht noch längere Zeit hindurch begnügt sich gar mancher Mensch mit geringem Komfort, nur um ein sogenanntes Familienglück zu gemessen. Die anarchistische Ordnung stellt ihm in dieser Beziehung wahrlich keine Hindernisse in den Weg. Dieselbe hält aber auch Denen die Bahn frei, welche sich von dem familiären Schneckenhausleben zu emanzipiren gewillt sind, und die lieber in Gemeinschaft mit einer grösseren Anzahl Gleichgesinnter in Palästen wohnen, gemeinsam Tafel halten und kurzum durch die Oekonomie der Organisation sich so luxuriöse Einrichtungen schaffen können, welche die Verzettelung der Dinge und die Verschwendung von häuslicher Arbeit, wie sie bei familiärer Verkapselung unabweisbar sind, nimmermehr zulassen.

Die kitzlichste Angelegenheit hinsichtlich des Waarenaustausches in einer freien Gesellschaft scheint die *Werthschätzung* der einzelnen Güterarten im Vergleich mit einander zu sein. Und in der That existiren in dieser Beziehung ungemein weit von einander gehende Meinungen unter den Theoretikern der Gesellschafts-Philosophie.

Eine anarchistische Schule älteren Schlages ist mit dieser Sache rasch fertig, indem sie das Walten der freien Konkurrenz gelten lassen will. Diesen Standpunkt, der einen stark nach Manchesterei und überhaupt bürgerlichen Denkweise riechenden Zopf hervortreten lässt, vermögen wir nicht zu theilen. Er passt auch ganz und gar nicht in den Rahmen des *kommunistischen* Anarchismus.

Weit gefährlichere, weil an Zahl und Einfluss ziemlich bedeutende, Elemente begegnen uns hinsichtlich der Tausch-Angelegenheit in der Gestalt der *Zentralisations-* oder *Zwangs-*Kommunisten.

Wer Anders könnte nach ihrer Ansicht den Werth der Dinge, abzuschätzen haben, als eine Art Taxirungs-Gottheit, eine höhere, gewissermassen allwissende Autorität, ein Staatsgötze, ein ökonomisches Monstrum?

Merkwürdig! Diese Leute thun sich so viel darauf zu Gute, dass nach der Werttheorie, welche ihr Herr und Meister formulirte, der Tauschwerth einer jeden Waare *gegeben* ist durch die in derselben verkörperte nothwendige *Arbeitszeit*.

Was ist also einfacher, als die Schätzung des Waarenwerthes nicht nach einem die Wesenheit desselben verwischenden Geldmaasse, wie es die bisherigen Schacherer und Ausbeuter für gut befänden, sondern nach der Menge der darin steckenden normalen Arbeitsstunden?

Könnten aber nicht doch die Einen durch die Anderen beschummelt werden? Vielleicht – eine Weile – sicher nicht auf die Dauer.

Schon die Statistik der einzelnen Gewerke, die bei der Produktion und Konsumtion in der freien Gesellschaft sich als ganz unerlässlich erweisen wird, ja geradezu den allgemeinen Regulator für die Produzenten, wie für die Konsumenten darstellen dürfte, brächte eine solche betrügerische Manipulation alsbald an den Tag – könnte also nur vorübergehend, niemals dauernd wirken.

Die Quittung über eine Stunde in Waaren verkörperter nothwendiger Arbeitszeit wird die Einheit der Werthzeichen einer freien Gesellschaft zu bilden haben! Denn nur das Zeitgeld – wenn man solche Tauschscheine überhaupt noch »Geld« nennen will, was im Hinblick auf die scheusliche Rolle, welche das Geld bisher in der Welt gespielt hat, kaum der Fall sein dürfte, – nur das Zeitmass lässt eine *Werthschätzung ohne Schwindel* zu! –

Und gleichartige Produkte tauschen sich gegen einander aus.

Die Harmonie wird also auf dem Gebiete des Waarenaustausches nicht minder ihre naturgemässe Entfaltung finden, wie innerhalb der sonstigen Sphären der freien Gesellschaft; und alles das auf Grund eines zwangslosen Spieles der auf einander angewiesenen Volkskräfte – auf Grund der anarchistischen Ordnung!

Die früher erwähnte Anarchisten-Schule, nach welcher Jeder arbeitet, wenn er Lust hat, und von den vorhandenen Dingen nimmt, was er wünscht, verwirft natürlich *jede* Art von Tauschmitteln. Sie will sogar von einer Produktions- und Vorraths-Statistik nichts wissen. Sollte es wirklich ohne solche Einrichtungen einmal abgehen, so haben wir natürlich auch nichts einzuwenden; vorläufig scheint uns aber eine solche Annahme wenig Wahrscheinlichkeit für sich zu haben, weshalb wir uns bei unserer Darstellung mit dieser Möglichkeit nicht weiter befassen.

Nicht alle Menschen erzeugen eigentliche Waaren (*greifbare* Produkte), und können doch auch unentbehrliche Förderer des allgemeinen Glückes sein und sich in einer nutzbringenden Weise bethätigen. Das sind diejenigen Kopfarbeiter, welche durch ihr Schaffen irgend welche vernünftige Bedürfnisse der Menschen befriedigen.

Von vielen der heute existirenden Kopfarbeiter kann etwas Derartiges nicht behauptet werden. Ja die meisten derselben sind in ihrem Handeln absolut menschenfeindlich, kulturwidrig, freiheittödtend und darum in einer freien (anarchistischen) Gesellschaft durchaus zwecklos, existenzunberechtigt und darum auch undenkbar. Wir verweisen beispielsweise in dieser Hinsicht nur auf das Pfaffenthum, die Advokaten und sonstigen Justizschwindler, die Diplomaten, Bureaukraten, Literatur-Prostituirten u. s. w. u. s. w.

Diejenigen aber, welche Kunst und Wissenschaft, Erziehung und Gesundheitspflege in der freien Gesellschaft zu besorgen berufen sind, haben natürlich für ihre Thätigkeit auch ein entsprechen des Entgelt zu beanspruchen.

Sie haben kein Recht, ihr höheres Wissen monopolistisch zu verwerthen, resp. das Publikum in unverschämter Weise zu brandschatzen, weil sie ihre Fähigkeiten nur durch die Beihülfe der Gesellschaft erlangen konnten – zumal im Zustande der Freiheit und Gleichheit, bei welchem diese erziehliche Unterstützung *Allen* im *nämlichen* Grade zu Theil wird und lediglich Talent und Neigung – also Elemente, welche Niemandem ein Privilegium verleihen können – bei der höheren Ausbildung nach dieser oder jener spezielleren Richtung hin den Ausschlag geben werden.

Dagegen haben die Kopfarbeiter natürlich für ihre Leistungen die nämliche Entlohnung zu beanspruchen, wie die Handarbeiter.

Uebrigens ist es keinem Zweifel unterworfen, dass die Konsequenzen des anarchistischen Systems schliesslich dahin führen werden, dass die Kopf- und Handarbeit keine getrennten Kategorien mehr sind.

Vermittelst einer gleichen und wissenschaftlichen Erziehung werden die Menschen mehr und mehr sammt und sonders einen hohen Grad allgemeiner Bildung erlangen. Vermöge einer mit der Entwickelung der Technik stetig abnehmenden täglichen Arbeitszeit wird andererseits den Menschen in immer ausgedehnterem Massstabe Gelegenheit gegeben, sich in geistigen Genüssen (den einzigen Genüssen, durch welche sich der Mensch von allen übrigen Thieren *mehr* als bloss äusserlich und unwesentlich unterscheidet) zu ergehen, was ganz von selbst nach und nach zahllose Kapazitäten auf allen Gebieten des spezielleren Wissens zeitigen muss. Die auszeichnende Bethätigung der Letzteren wird deren höchster Genuss sein; die Kopfarbeit wird mithin in letzter Linie eine freiwillige, gesuchte, weil Genuss bereitende, Angelegenheit; und die Frage nach der Entlohnung für dieselbe kommt sozusagen ganz von selbst in Wegfall.

Bis indessen die kulturelle Entwickelung einen solchen Höhegrad erreicht hat, dürfte sich der geistige Konsum in ganz ähnlicher Weise regeln lassen, wie der materielle. Die organisirten Interessenten setzen sich durch freie Gesellschaftsverträge mit Denen in Verbindung, welche gewillt und geeignet sind, ihren Wünschen und Bedürfnissen in der verlangten Weise entgegen zu kommen. Es lassen sich ja die mannigfaltigsten freien Verbindungen in dieser Hinsicht denken – Verbindungen zu literarischen, sanitären, erziehlichen, wissenschaftlichen, künstlerischen u. dgl. Zwecken.

Die grösste Sorgfalt wird in der freien Gesellschaft dem Erziehungswesen zugewendet werden oder vielmehr: die frei gewordene Menschheit wird zum ersten Male, seit die Welt steht, der heranwachsenden Jugend in Bezug auf geistige und körperliche Entwickelung rationell unter die Arme greifen und von der bisher üblich gewesenen *Dressur* zu einer wirklichen Schulung übergehen.

Je ausschliesslicher den Eltern und den Grosseltern, insbesondere den alten Weibern, die Kinder zur »Erziehung« preisgegeben sind, desto unwissender sind und bleiben die Letzteren.

Und das ist auch ganz natürlich. So wenig wie jeder Mensch Maler, Architekt, Schuster oder Schneider sein kann, ebenso wenig oder vielmehr noch viel weniger kann jeder Mensch Erzieher sein. Trotzdem hat man es bisher zwar als selbstverständlich angesehen, dass Pferde, Rinder, Esel, Schafe oder Gänse Denen zur Pflege oder »Zucht« anvertraut werden müssen, welche etwas davon verstehen; nicht aber sah man ein, dass die Erziehung des Menschen mehr Spezialfähigkeiten bei dem Erzieher zur Voraussetzung haben sollte, als die Zucht von Schafen beim Hirten.

In der freien Gesellschaft wird die Kommune oder unter Umständen etwa ein Verband mehrerer Kommunen sich am besten eignen, das öffentliche und Kulturinteresse durch Indiehandnahme des Erziehungswesens vollkommen zu wahren.

Damit ist dann noch lange nicht gesagt, dass mann *überall* (wie das beim *staatlichen* Erziehungswesen der Fall wäre) nach den nämlichen Prinzipien verfahren würde. Ja, es ist nicht einmal nöthig, dass die geographische (örtliche), oder, wie das Ding heute genannt wird, »politische« Kommune, die kommunale Erziehungsinstitution zu decken braucht, vielmehr mag es an manchen Plätzen und Distrikten vorkommen, dass Majoritäten und Minoritäten neben einander ihre Erziehungs-Kommunen (unabhängig vom sonstigen Kommune-Begriff) errichten.

Da kann denn die Leistungsfähigkeit aller dieser Institute sehr leicht einer vergleichenden Schätzung unterzogen werden. Das Bessere bricht sich auch hier wegen seiner Vorzüge von selber und zwanglos Bahn und wird eingeführt, bis ein abermaliger Fortschritt, der innerhalb irgend einer anderen pädagogischen Organisation sich zeigt, zu noch weiterer Entwickelung treibt.

So will es das innere Wesen der Freiheit, die Grundeigenschaft des Anarchismus.

So bald das Kind physisch die Mutter entbehren kann, wird man es in einer vernünftigen Gesellschaft einem Erziehungsinstitute zuweisen. Für den Anfang wird ein solches die Gestalt des Kindergartens haben, wenn es auch natürlich bedeutend vollendeter sein dürfte, als die gleichnamigen Einrichtungen von heute. Eine rationelle Entwickelung von Körper und Geist durch wissenschaftliche Anwendung der Sanitätskunde, anregende Spiele, Anschauungsunterricht u. s. w. wird die Kindeszeit zu einer weitaus fröhlicheren gestalten und gleichzeitig das kindliche Hirn für seine weiteren Zwecke weit besser präpariren, als das heutzutage bei der denkbar besten Familienerziehung der Fall sein könnte. Ganz abgesehen von den Vortheilen, welche das Prinzip der Brüderlichkeit aus dem System einer früh beginnenden gemeinsamen Erziehung zu erzielen vermag.

Was dann die eigentliche Schule betrifft, so wird sie grundverschieden von der heutigen Kinderkaserne sein müssen – nicht bloss hinsichtlich des Lehrmaterials und der Erziehungskräfte, sondern auch betreffs des Lehrplans und der räumlichen Einrichtungen.

Wir brauchen nicht erst zu betonen, dass in der Zukunftsschule natürlich weder religiöse Hirnverkleisterungen, noch »patriotische« Herzensvergiftungen Raum haben können, denn diese verbrecherischen Maximen stehen und fallen mit der heutigen Gesellschaft.

Mehr Schulräume, mehr Lehrer, mehr Schuljahre und weniger Schulstunden – das sind sicherlich die unerlässlichsten Vorbedingungen eines besseren Schulsystems; und die künftigen Organisatoren des Schulwesens werden dieselben nicht unberücksichtigt lassen können.

Das spätere Leben bietet Zeit zur stetigen wissenschaftlichen Weiterbildung *Aller*, zu welcher die genossene bessere Vorschulung bereits den nöthigen Drang erzeugt und die unerlässliche Auffassungskraft entwickelt hat.

Das Weitere ist Angelegenheit der betreffenden Organisationen für die Pflege von Kunst und Wissenschaft, von welcher fortan Niemand mehr ausgeschlossen werden kann. Der Mensch kann lernen und sich der stetigen Erweiterung seines Wissens freuen von der Wiege bis zum Grabe. Das wird der schönste Genuss des Lebens sein.

Wir haben bereits angedeutet, dass die Konsumtion der Zukunft mehr und mehr aus dem engen familiären Rahmen heraustreten und, gleich der Produktion, in grösseren Organisationen sich abspielen wird. Schon hieraus ergibt sich, dass die Stellung der Frau als Haushälterin erschüttert, resp. hinfällig wird, ferner haben wir gezeigt, dass das Erziehungswesen in einer vernünftigen Gesellschaft nicht mehr ein Nebengeschäft der Mütter bleiben kann. Die Gebundenheit der Frau an Haus und Familie nimmt also nach und nach ein Ende. Das weibliche Geschlecht tritt mit den nämlichen Vorbedingungen, wie das männliche, in das Leben ein; alle Berufssphären stehen ihm offen; nicht auf dem Wege der Verehelichung, wie heute, wird die Frau ihre Daseinszwecke zu erreichen trachten müssen, sondern durch Anschluss an entsprechende produktive, konsumtive u. s. w. Organisationen, je nach physischer Kraft, geistiger Fähigkeit und Neigung.

Es kann in Wahrheit nur *einen* Grund geben, der etwa Veranlassung bieten könnte, eine Verschiedenheit hinsichtlich der Stellung von Mann und Frau der Gesellschaft gegenüber herauszufinden. Das ist die Gebärung von Kindern nebst den damit zusammenhängenden physischen Nachtheilen für die Frau. Allein auch dieser Grund erweist sich keineswegs als ein solcher, der geeignet ist, die Frau in der freien Gesellschaft geringer zu schätzen, als den Mann.

Die Frau wird vermöge des angedeuteten Umstandes allerdings öfter in den Fall der Arbeitsuntauglichkeit kommen, als der Mann. Soll aber die Frau, weil sie ihrer geschlechtlichen Beschaffenheit halber körperlich mehr Unannehmlichkeiten durchzukosten hat, als der Mann, auch noch zu weiteren Nachtheilen verdammt werden? Nur der Barbarismus *unserer* Zeit kann darauf mit Ja antworten. In einer anarchistischen (humanitären) Gesellschaft erscheint schon eine solche Frage als lächerlich.

Alle Arbeitsunfähigen werden in der freien Gesellschaft das nämliche Recht auf's Leben haben, wie die Arbeitsfähigen.

So dürfen wir denn in jeder Beziehung die vollkommene Selbstständigkeit und Unabhängigkeit der Frauen gegenüber den Männern in der anarchistischen Gesellschaft als unzweifelhaft gegeben annehmen.

Und wenn diese vollendete Freiheit resultirt aus dem Aufhören der Familienwirthschaft, aus einer nichtfamiliären Erziehungsmethode und aus der Schadloshaltung der Frau als Gebärerin, so dürfte es ziemlich nahe liegend sein, dass auch für eine Ehe im heutigen Sinne des Wortes keine Notwendigkeit mehr existirt, weshalb eine Fortdauer derselben kaum für immer anzunehmen ist.

Wie alle Institutionen der Vergangenheit und Gegenwart, so beruht auch die Ehe auf einem *Zwangs*-Verhältniss. Und wenn man im Stande wäre, die sogenannten »glücklichen« und die unglücklichen Ehen statistisch festzustellen, so würde man schaudern vor der Unsumme menschlichen Leidens, das gerade auf dem Gebiete des Ehelebens ertragen wird.

Eine Gesellschaft, wie die von uns erstrebte, kennt aber *gar keinen* Zwang, mithin auch das Galeerenthum der Ehe nicht. Freie Menschen werden, je nach ihren gegenseitigen Neigungen, geschlechtlich miteinander verkehren – ein Handeln, das *allein moralisch und natürlich* ist, und gegenüber welchem der Geschlechtsverkehr in der Ehe von heute sich – es ist scheuslich, aber wahr! - nur als gesetzliche Nothzucht erweist. –

Die zunehmende individuelle Freiheit, weit entfernt, die Menschheit in Atome aufzulösen, wie Mancher denkt, bewegt sie zu gegenseitiger Achtung und Liebe. Je mehr die Menschen Gelegenheit haben werden, nach freier Entschliessung sich zu gemeinsamer Thätigkeit, zu solidarischem Genuss, zu irgend einem selbst gewollten Zwecke zu gruppiren, desto edler wird sich ihr Karakter gestalten, desto weniger werden sich Interessen-Verschiedenheiten kreuzen können. Als Endresultat eines solchen Spieles der humanitären Triebe wird die Harmonie der menschlichen Handlungen entstehen müssen.

Kurz, wir sehen auch in dieser Beziehung beim Anarchismus in jeder Hinsicht die *Zweckmässigkeit* den Ausschlag geben. Nicht die Direktion einer Autorität waltet da, sondern das Verlangen nach bestimmten Dingen, und zwar von Fall zu Fall; nicht nach geschriebenen starren Gesetzen, sondern nach wechselndem Bedürfniss. Und das nennen wir: *natürliche Ordnung.*

Werfen wir einen Blick aus der Vogelperspektive auf die anarchistische Gesellschaft, so erblicken wir folgende Grundzüge derselben:

Der Staat hat da weder Kaum noch Zweck.

Die Kommune, als politischer Körper, ist ebenfalls überflüssig geworden.

Alle Lebenszwecke des Menschen werden durch entsprechende Organisationen oder Gruppirungen erreicht.

Dieselben sind nicht zentralisirt und nur so weit föderalistisch mit einander verbunden, als zur Erreichung der damit erstrebten Ziele unerlässlich ist.

Ein Privateigenthum an Land oder Kapital existirt nicht mehr.

Die Arbeitsmittel aller Art befinden sich in den Händen der verschiedenen gewerklichen Organisationen.

Wie die Handelsprellerei selbst, so ist auch deren Tausch-, resp. Tausch-Mittel, das Geld im heutigen Sinn, abgeschafft worden.

Kunst und Wissenschaft werden, gleich der Waarenproduktion durch Gruppirung der betreffenden leistungsfähigen Kräfte gepflegt.

Das Erziehungs- und Bildungswesen erfreut sich der grössten Sorgfalt und ermöglicht es Jedem, sich genugsam geistig zu entwickeln, um fähig zu sein, die Ergebnisse von Kunst und Wissenschaft zu geniessen.

Das solchermassen sich stetig erweiternde Wissen aller Menschen hebt das Glauben auf und sichert die Unmöglichkeit alter oder neuer Religionen.

Das vollkommenste Selbstbestimmungsrecht der Frau, die ja gleich dem Manne, wirklich frei geworden, liegt auf der Hand.

An Stelle der Gesetzgeberei tritt die Entschliessung von Fall zu Fall. Niemand wird regiert; Jeder ist Mitglied zahlreicher Korporationen, denen er sich nach freier Auswahl anschliesst; Keiner, ist gezwungen, gegen seine Neigung zu handeln.

Das ist *Anarchie*!

Der kommunistische Anarchismus

In jeder Tasche eine Bombe, angefüllt mit Dynamit, den Mordstahl in der einen, die Brandfackel in der anderen Hand - so stellt sich ein Gegner des Anarchismus in der Regel einen Anarchisten vor. Er erblickt in einem solchen einen Menschen, der, halb Narr, halb Verbrecher, nichts weiter im Sinne hat, als die Ermordung eines jeden, der nicht seiner Meinung ist, und dessen Ziel der allgemeine Wirrwarr, das Chaos, ist.

Eine derartige Vorstellung kann nicht Verwunderung erregen, weil ja jahraus, jahrein die Blätter aller nichtanarchistischen Parteien die Anarchisten solchermaßen zeichnen. Selbst in gewissen Arbeiterorganisationen wird die Sache so dargestellt, als ob ein Anarchist nichts weiter sei, als ein Gewaltmensch ohne jedes edle Streben; und die aller absurdesten Angaben über die Ziele der Anarchisten finden sich gerade in diesen Blättern.

...Ganz abgesehen von dem Dynamit- und Revolutions-Tatterich, die da zu hellem Zeter und Mordio wider die Gewalttaktik der Anarchisten führten, wird hinsichtlich der anarchistischen Prinzipien in diesen Zeitungen gelogen. Denn was kann es anderes sein als Lüge, wenn behauptet wird, daß der jetzige Kapitalismus identisch sei mit Anarchismus, oder wenn man gar den Anarchisten nach zureden sucht, daß sie die Rückkehr zur Kleinbürgerei erstreben?

Was zunächst die Gewalttäterei betrifft, von welcher man behauptet, daß sie das Streben der Anarchisten decke, so kann und soll nicht geleugnet werden, dass die meisten Anarchisten allerdings die Überzeugung hegen, die heutige Gesellschaft sei nicht durch friedliches Beginnen zu Fall zu bringen; allein diese ihre taktische Stellung hat, wie wir später sehen werden, an und für sich mit dem Anarchismus nicht mehr zu schaffen, als irgend eine Taktik mit irgend einem Prinzip.

Der Anarchismus ist vielmehr zunächst der Inbegriff einer bestimmten Weltanschauung, einer speziellen Gesellschaftsphilosophie; denn ja, man kann geradezu sagen der Gesellschaftsphilosophie, denn wer die Welt und das menschliche Leben in ihrer ganzen Tiefe und bisherigen Entwicklung betrachtet und hinsichtlich der wünschenswerten Gestaltungen der menschlichen Gesellschaft konsequente Schlüsse zieht, der kann auch nicht verfehlen, einen Ruhepunkt für seine Folgerungen in nichts Anderem zu finden, als in der Anarchie, weil jeder sonstige Begriff nur eine Halbheit, Flick- und Stückwerk wäre. Anarchie heißt Herrschaftslosigkeit, mithin ist im Anarchismus ein Streben gegeben, das darauf hinausläuft, einen solchen Zustand herbeizuführen, bei welchem keinerlei Beherrschung der einen Menschen durch die anderen mehr stattfindet, so daß also von einem Staat, einer Regierung, von Gesetzen oder anderen Zwangsmitteln keine Rede mehr ist und wirkliche Freiheit für alle waltet.

Es fragt sich nun zunächst: ist ein solches Verhältnis wünschenswert? Wer aber, der nicht etwa die heutigen Zustände für vorzüglich hält (was bei den Angehörigen der herrschenden Klassen mehr oder weniger zutreffen dürfte), möchte wohl behaupten, daß er sich nicht nach Freiheit sehne? Wer, der sich nicht als Knechtsseele deklarieren will, möchte wohl irgend eine Art von Herrschaft als erstrebenswert bezeichnen?

Nun wohl! Alle politischen Kämpfe, die sich im Laufe der Geschichte abspielten, waren Klassenkämpfe. Die einen suchten ihre Herrschaft (Anarchie) über die von ihnen unterjochten und ausgebeuteten Mitmenschen aufrecht zu erhalten, die anderen bemühten sich, das jeweilige System solcher Tyrannei zu zertrümmern. Und ob die Letzteren sich Anarchisten nannten oder nicht, so waren sie es doch, denn die Widersacher der Herrschaft können, wenn sie ohne Hintergedanken handeln, nichts Anderes wollen, als die Herrschaftslosigkeit (die Anarchie).

Schon der Umstand, daß gegenwärtig das Ringen der Völker nach Befreiung ein viel gewaltigeres und klareres ist, als alle früheren derartigen Kämpfe es waren, daß heutzutage ganz andere Vorbedingungen für die Erreichung des diesbezüglichen Zieles gegeben sind als in früheren Zeiten, und daß wir mithin augenblicklich der Anarchie viel näher stehen als man ehedem auch nur zu ahnen vermocht hätte, beweist sonnenklar, daß in dieser Hinsicht eine fortschreitende Entwicklung jener menschheitlichen Strömungen stattgefunden hat, welche offenbar den Beruf haben, alles Unfreie, Herrschaftliche (Anarchistische), vom Erdboden hinwegzuschwemmen und der unbegrenzten Freiheit, der Herrschaftslosigkeit (Anarchie) die Bahn zu ebnen.

Was ist demnach die Anarchie? Etwa eine willkürlich ersonnene Idee, eine Art Utopia? Mit nichten! Wir haben es vielmehr in der Anarchie einfach mit dem vorläufig absehbaren Ideal aller humanitären Bestrebungen, mit dem logisch und konsequent gedachten Ziele kultureller Entwicklung zu tun.

Wenn aber ein menschheitliches Verhältnis wünschenswert ist und gleichzeitig sich logisch aus dem Tun und Lassen der Menschen von Vergangenheit und Gegenwart folgern läßt, so fällt eigentlich die Frage nach der Möglichkeit eines solchen Zustandes, wie sie ja von weniger scharfsinnig Denkenden oft genug gestellt wird, nur noch schwach ins Gewicht.

Aus dem bisher Gesagten ergibt sich bereits, daß die Anarchisten weder 'reaktionär' sind, wie Böswillige behaupten, noch, daß sie im Hintertreffen der Freiheitskämpfer marschieren, sondern geradezu deren Avantgarde bilden. Um so alberner klingt die ewig wiederholt werdende Behauptung, daß der Sozialismus und der Anarchismus unvereinbare Gegensätze seien.

Unter Sozialismus im weiteren Sinne des Wortes versteht man alle jene Lehren und Strebungen, welche sich mit der menschlichen Gesellschaft befassen; im engeren Sinne des Wortes bedeutet Sozialismus ein System der Vergesellschaftung der Menschen. Über die menschliche Gesellschaft denken jetzt aber gar viele Leute nach, und auch in Gesellschafts"Verbesserung" wird allgemein gemacht. Es gibt königliche, aristokratische, christliche, überhaupt alle erdenklichen 'Sozialisten'. Der 'alte Lehmann' floß bekanntlich bei jeder Gelegenheit über von sozialen 'Reformbestrebungen', wie er sie meinte. Bismarck nannte sich nicht minder zuweilen 'Sozialist', und der Pfaffe Stöcker hat ebenfalls schon verschiedene Rezepte zur Lösung der sozialen Frage aufgezeigt. Das ist nachgerade eine sehr gemischte Gesellschaft geworden. Deshalb haben auch die meisten Sozialisten ernsterer Art längst das Bedürfnis empfunden, sich eine Bezeichnung beizulegen, welche hinsichtlich der Grundlage der von ihnen erstrebten zukünftigen Gesellschaft keine Mißdeutungen mehr zuläßt. Sie nennen sich bekanntlich Kommunisten.

Damit deuten sie an, daß ihr Strebeziel die Gütergemeinschaft sei, der gemeinsame Besitz des Grund und Bodens mit allem, was drum und dran ist. Sie werden bei dieser ihrer Forderung nicht geleitet von frommen Wünschen oder willkürlich ersonnenen spekulativen Plänen, sondern von der Erkenntnis der gegenwärtigen wirtschaftlichen Verhältnisse, deren Konsequenzen förmlich zu einer Umgestaltung der Gesellschaft im Sinne des Kommunismus herausfordern.

Die augenblicklich herrschende Klasse, die Bourgeoisie, organisiert willkürlich das ganze Gütererzeugungs- und Verkehrswesen. Die einzelnen Kapitalisten verdrängen die selbständigen Handwerker und werden ihrerseits wiederum von Aktiengesellschaften aufgesaugt. In weiterer Folge entstehen Monopole, Trusts, Pools usw., und man spricht sogar schon von einer wirtschaftlichen Generalisierung nicht nur einzelner Gewerbszweige, sondern ganzer Gruppen von Wirtschaftsunternehmungen. Gleichen Schritt mit dieser Entwicklung der Dinge, welche doch an und für sich den Zweck haben soll, alle erdenklichen Gebrauchsgegenstände bei immer geringfügigerer Anstrengung der menschlichen Arbeitskräfte in schwellendem Überfluß zu erzeugen, hält die Verelendung der Volksmassen. Solch ein Zustand, der, wenn er noch lange andauern würde, den physischen und moralischen Untergang des Menschengeschlechts inmitten einer Welt von Reichtümern, also den hellen Wahnsinn bedeutete, fordert, wie gesagt, ganz von selbst zu einer totalen Umgestaltung der Gesellschaft, zur Errichtung eines neuen sozialen Systems heraus. Und da man doch füglich nicht auf die Kleinbürgerei zurückgreifen kann, weil die Vorteile der Großproduktion und Bestätigung der organisierten Arbeit überhaupt für jedermann viel zu auffällig sind, als daß sie auch nur einen Augenblick mißkannt oder unterschätzt werden könnte, so bleibt offenbar nichts anderes übrig, als daß all dasjenige, was zur Gütererzeugung und zur Befriedigung menschlicher Bedürfhisse notwendig ist, zum Gemeingut aller gemacht, als daß – mit anderen Worten - der Kommunismus proklamiert wird.

Wenn sich alle jene, die mit dem Bestehenden unzufrieden sind, und welche einen Zustand erstreben, bei welchem alle gleich und frei und mithin glücklich sein könnten, in diesen Stücken klar und einig sind wie kämen da gerade die Anarchisten dazu, diejenigen, welche bisher bei allen Freiheitskämpfen im Vordertreffen standen, in diesen Beziehungen eine gegensätzliche Stellung einzunehmen? Nur Bosheit oder Unverstand können ihnen solches anzudichten suchen.

Die Anarchisten sind Sozialisten, indem sie eine Gesellschaftsverbesserung erstreben; sie sind Kommunisten, indem sie überzeugt sind, daß eine solche Umgestaltung nur in der Etablierung allgemeiner Gütergemeinschaft gipfeln kann. Weshalb aber begnügen sie sich nicht damit, die Sozialisten oder Kommunisten zu nennen? Weil sie nicht verwechselt sein wollen mit solchen, die Mißbrauch mit diesen Worten treiben, und weil sie dafür halten, daß auch das System des Kommunismus ein unvollkommenes wäre, wenn dasselbe nicht getragen würde vom Geiste der Anarchie. Sie können umsoweniger darauf verzichten, ihre Ideale auch in ihrer Beziehung anzudeuten, als es merkwürdigerweise zahlreiche (wirkliche oder angebliche) Kommunisten gibt, welche sich nicht entblöden, die zukünftige Gesellschaft sich als 'Volksstaat', 'Zukunftsstaat' usw vorzustellen und für die kommunistische Gesellschaft - gerade, als wollten sie damit jedem wirklichen Freiheitsfreunde einen abschreckenden Dämpfer aufsetzen - eine Regiererei ohne gleichen, den reinsten Mandarinismus, Hundertausende von Gesetzen und Verordnungen, kurz eine Allerwelts-Vormundschaft einerseits und allgemeine Nullenhaftigkeit andererseits zu prophezeien.

Hiervon wollen die konsequenten Sozialisten und Kommunisten nichts wissen. Sie machen darauf aufmerksam, daß der Staat nie etwas anderes war, noch ist, als ein Zuchtruten- und Unterjochungsinstitut, dessen sich die jeweilig herrschende Klasse bediente, ihre Privilegien zu schützen und die Volksmassen in der Knechtschaft zu erhalten, wie jeder sich überzeugen kann, der nur einige Augenblicke über die einzelnen Staatszwecke nachdenkt.

Was soll nun ein solches Tyrannisierungs-Instrument in einer freien Gesellschaft für einen Sinn haben? Welche Privilegien sollen da noch beschützt, weshalb sollen da irgend welche Volkskreise unterjocht werden? Die Etablierung des Kommunismus ist doch nur denkbar, wenn die heutige Sklaverei aufgehoben wird. Soll da etwa eine neue Knechtschaft eingeführt werden? Wenn nicht, so hat auch eine Herrschaft keinen Sinn, denn eine Herrschaft, die niemanden beherrscht, d. h. knechtet, ist ein Messer ohne Klinge, an welchem das Heft fehlt.

Ist aber jegliche Herrschaft beim Kommunismus abwesend, existiert da völlige Freiheit und Gleichheit, so waltet eben die Anarchie (Herrschaftslosigkeit). Mit dem Staat und der Regierung fallen aber auch die Gesetze hin. Die Gesetze in der kommunistischen Gesellschaft, nimmt man vielleicht an, werden nur allgemeine Humanitäts- und Ordnungsgrundsätze enthalten, die jeder gern befolgt. In diesem Falle bediente man sich einer falschen Bezeichnung für die Prinzipien eines vernünftigen und edelsinnigen Handelns, die überhaupt unmöglich paragraphiert werden könnten. Sobald man jedoch unter Gesetzen irgend etwas zwingendes versteht, kann man sich dieselben Zwangs-Apparate vorstellen, und vor unseren Augen tauchen Polizisten, Richter, Kerkermeister und Henker auf- kurz die alten Büttel in neuer Uniform. Wer hat Lust, solches zu erstreben?

Wenn die Anarchisten den Staat als solchen und nicht nur diesen oder jenen Staat für die kommunistische Gesellschaft als rein außer dem Bereich der Möglichkeit und Notwendigkeit liegend ansehen, so schwebt ihnen dabei nicht bloß vor Augen, daß mit den Ursachen der Laster und Verbrechen, wie sie im heutigen Gesellschaftssystem gegeben sind, auch die Wirkungen fortfallen müssen, derenthalben vor allem die Staatsmaschine bisher in Bewegung erhalten wurde, sondern auch die Überzeugung, daß im Zeitalter des Kommunismus allen Menschen hinlänglich Zeit und Gelegenheit gegeben sein wird, sich gründlich auszubilden und zu veredeln, so daß jedem seinem Tun und Lassen von einer gesunden Vernunft und nicht von starren Buchstaben-Satzungen und Machtgeboten geleitet wird.

Was aber die wirtschaftlichen Bestätigungen der Kommunisten in einer freien Gesellschaft anlangt, so brauchen sie dazu weder eine Regierung, noch könnten solche das in dieser Hinsicht Nötige besorgen. Die sich geltend machenden allgemeinen Bedürfhisse, die Nützlichkeit, die Notwendigkeit, die Erfährung und dgl. werden stärkere Triebfedern sein, allseitig das Richtige bei dem diesbezüglichen Handeln zu suchen und zu finden, als irgend welche Zwangsgesetze.

Die mitten im wirtschaftlichen Leben Befindlichen werden es besser verstehen, was und wie gearbeitet werden muß, als eine über dem ganzen sozialen Getriebe schwebende Bürokratie.

Wenn man sich überhaupt vorstellt, daß im Zeitalter des Kommunismus die Menschen nur durch eine Art Zwangssystem angehalten werden können, das Rechte zu tun und das Schlechte zu lassen, und dass die Masse des Volkes für ewige Zeiten durch eine ausgesuchte Schar von Pfiffikussen bemuttert und bevormundet werden müsse, wenn nicht alles aus Rand und Band gehen soll, dann allerdings - ja dann ist es besser, man verzweifelt an der Menschheit und schlägt sich allen und jeden Kommunismus gänzlich aus dem Kopfe.

So aber liegt die Sache nicht. Man kommt überhaupt nur zu solchen Vermutungen, wenn man die Menschen von heute mit denen in der Zukunft identifiziert, was doch ein ganz einfältiges Beginnen ist. Wir brauchen nicht einmal zu reden von späteren Generationen. Selbst jene Menschen, welche auf dem Boden der heutigen Gesellschaft aufgewachsen sind, werden nach völliger Umgestaltung der sozialen Verhältnisse wie verwandelt sein. Außerordentliche Ereignisse haben noch stets auf die dabei aktiv oder passiv beteiligten Menschen einen modifizierenden Einfluß ausgeübt. Man nehme den Menschen das Joch der Knechtschaft ab und versetze sie in die Sphäre der Freiheit, und sie werden nicht lange dazu brauchen, um zu lernen, sich brüderlich aufzuführen. Der Mensch ist ja an und für sich ein ganz gutmütiges Wesen, nur als Eigentumsegoist, als Glied einer Gesellschaft, wo jeder für sich und niemand für alle einsteht, konnte er zu dem werden, was er heute ist.

Mit der Institution des Privateigentums stehen und fallen alle jene schlechten Eigenschaften des Menschen, welche ihn heute verunzieren. Neid, Mißgunst, Habgier, Herrschsucht usw. haben bei kommunistischen Verhältnissen keinen Sinn, anderseits sind da Brüderlichkeit, Solidaritätsgefühl und Wetteifer im Interesse des Gemeinwohls Selbstverständlichkeiten. Deshalb wird und kann das Leben in der kommunistischen Gesellschaft nur ein völlig ungezwungenes und doch harmonisches sein. Und ein solcher Zustand paßt nicht in den Rahmen eines Staates, sondern nur in den der Anarchie.

Die ganze Staatlerei, wie sie in manchen Kreisen kommunistischer Parteien noch gepflegt wird, ist überhaupt nur auf Denkfaulheit, Herkommens-Schlendrian und Vorurteile zurückzuführen. Zum Teil hervorgegangen aus den Reihen der bürgerlichen Demokratie trägt eben mancher noch die Eierschalen seiner Herkunft mit sich herum und hängt sich an althergebrachte politische Formen. Es ist aber an der Zeit, daß dieselben abgestreift werden. Viele haben sich auch bereits in dieser Hinsicht so weit emanzipiert, daß sie gegen das Wesen des Anarchismus wenig mehr einzuwenden haben, nur das Wort wollen sie noch nicht verschlucken. Die reinste Gespensterfurcht!

Schließlich ist auch hinsichtlich der Taktik der Anarchisten gegenüber anderen Kommunisten eigentlich kein rechter Grund zum Hadern gegeben. Wer immer die heutige Gesellschaft negiert und die Einrichtung eines auf Gütergemeinschaft beruhenden sozialen Verhältnisses erstrebt, ist im Grunde seines Herzens Revolutionär. Der Unterschied zwischen den Anarchisten und den etwas zurückgebliebenen Mitstreitern derselben besteht in dieser Hinsicht hauptsächlich darin, daß die Letzteren sogenannte Opportunitätspolitik betreiben, während die Anarchisten eine solche Heuchelei verschmähen. So wenig dieselben betreffs ihrer Bestrebungen irgend etwas hinter dem Berge halten, so wenig verheimlichen sie die Mittel, welche sie zur Erreichung ihrer Ziele in Anwendung zu bringen für notwendig erachten. Sie sind keine Bluthunde, welche aus Lust an Mord, Brand der Revolution das Wort zu reden pflegen, sondern sie treiben revolutionäre Propaganda, weil sie wissen, daß noch niemals eine privilegierte Klasse auf friedlichem Wege gestürzt werden konnte, und weil sie fest überzeugt sind, daß die Bourgeoisie gleichfalls nur mittelst Gewalt wegzufegen ist.

Deren Gebaren gegenüber allem und jedem Streben des Proletariats beweist das zu Genüge. Und täuschen kann man dieselbe keineswegs. Was soll da noch das Versteckspielen nützen? Den Gegner stimmt man damit nicht milder, die Arbeiter aber demoralisiert man, indem man ihnen falsche Hoffnungen hinsichtlich der Wirkung von friedlichen und gesetzlichen Agitationen erweckt, denen eine Enttäuschung nach der anderen auf dem Fuße folgen muß.

Die Anarchisten halten es daher für absolut notwendig, das Proletariat stets und ständig darauf hinzuweisen, daß es einen Riesenkampf zu bestehen haben wird, ehe es an die Realisierung seiner Bestrebungen denken kann. Sie spornen zur Vorbereitung auf die soziale Revolution an und suchen mit allen Mitteln - durch Wort, Schrift oder Tat -, wie sie gerade da oder dort am zweckmäßigsten erscheinen mögen, die revolutionäre Entwicklung zu beschleunigen. Wer, der es ehrlich meint mit der Sache des Volkes, kann sie darob tadeln?

Was man immer heute noch sagen mag, so viel steht jetzt doch schon fest: das Heil der Menschheit, wie es die Zukunft bringen wird und muß, liegt im Kommunismus. Dieses System schließt logischer Weise jede Herr- und Knechtschaft aus und bedeutet mithin Anarchie. Der Weg zu diesem Ziele führt durch die soziale Revolution.

***

Daß uns Kapitalisten, Polizisten, Presse und Kanzelaffen, Mucker und Philister von ganzem Herzen, von ganzer Seele, von ganzem Gemüte und mit allen ihren Kräften hassen - das können wir nur höchst begreiflich finden; und weil wir uns mit dieser sozialen, politischen und 'himmlischen' Klerisei ohnehin das ganze Jahr herumschlagen, so brauchen wir hier in dieser Beziehung keine Extrapeitsche zu schwingen. Unnatürlich aber kommt es uns vor, daß wir auch innerhalb der Arbeiterbewegung auf Tritt und Schritt Feindseligkeiten begegnen, die oftmals von einer unglaublichen Bosheit, mitunter von vernageltem Fanatismus und in der Regel von mehr als bemitleidenswertem, geradezu verstocktem Unverstand getragen sind. Und weil der Kampf, welcher von dieser Seite aus gegen die Anarchisten geführt wird unnatürlich ist, so muß selbstverständlich auch mancher Widerspruch dabei zu Tage kommen, übrigens ein Umstand, der die weniger in Voreingenommenheit Befangenen unter den Zuhörern der ganzen anti-anarchistischen Sophisterei gegenüber zum Zweifel verleiten und mithin mehr oder weniger mit Sympathie für die Anarchisten beseelen dürfte.

So oft wir uns durch Wort und Schrift über den Anarchismus moderner, d.h. kommunistischer Art eingelassen haben, wurde uns zugerufen, das sei nicht Anarchismus, sondern Sozialismus. Zeigen wir wie wir bei jeder Gelegenheit getan, daß dieses 'sondern' die reinste Eselsbrücke für Sophisten sei, weil ja der Anarchismus nichts weiter ist als der Inbegriff eines herrschaftslosen sozialen Zustandes, wie er doch jedem wirklichem Sozialisten, der nach Freiheit und Gleichheit strebt, vor Augen schweben müsse, so wird dieses unser Argument einfach unterdrückt und die Behauptung aufgestellt, Anarchismus und Sozialismus seien einmal zwei unversöhnliche und strikte Gegensätze; deshalb müsse auch jeder Sozialist die Anarchisten auf das Schärfste bekämpfen. Ist da auch noch ein Funken von Logik vorhanden?

Andererseits wird uns heute nachgesagt, unsere Bestrebungen seien total reaktionärer Natur, weil wir dem Phantom eines kleinbürgerlichen Individualismus nachjagten, während man uns morgen zum Vorwurfmacht, wir gingen in unseren Bestrebungen 'zu weit', Übergangsstufen in der gesellschaftlichen Entwicklung, seien nicht zu vermeiden usw. Wie wir nun das Kunststück fertig bringen sollen, einerseits der vorsintflutlichen Kleinbürgerei mit vollen Segeln zuzusteuern (theoretisch natürlich, da ja praktisch derartiges überhaupt ausgeschlossen wäre), und andererseits gleichzeitig solch' weitgehenden Zukunftsidealen nachzujagen, wie sie ein minder entwickelter Sozialist, wenn auch für wünschenswert, so doch für vorerst unrealisierbar hält - diesen Zwiespalt der Natur wünschten wir wahrhaftig gern einmal von irgend einem 'wissenschaftlichen' Graf Oerindur uns erklären zu lassen.

Tatsächlich liegt nun die Sache so: Daß wir keine Kleinbürgerei treiben, das wissen unsere stiefbrüderlichen Widersacher ganz genau. Sie suchen lediglich ihren Anhängern das Gegenteil vorzulügen, und das ist jedenfalls kein rechtschaffendes Kampfmittel. Halten wir ihnen diese ihre - gelinde gesagt - Jesuiterei vor, so grinsen sie uns höhnisch an und deuten mit den Fingern auf- Benjamin Tucker. Sie tun das, obgleich sie wissen, daß dieser Mann ganz und gar außerhalb der modernen Klassenbewegung des Proletariats steht, daß derselbe weiter nichts ist, als ein verspätet erschienener Ideal-Manchestermann...

Zuweilen wird uns auch Kropotkin als 'echter' Anarchist (im Gegensatz zu uns, die wir zur Abwechslung wieder einmal 'unecht' sein sollen) vorgehalten, versteht sich mit der Voraussetzung, daß auch dieser Mann, gleich Tucker, nichts vom Kommunismus dem angeblichen Gegensatz des Anarchismus, wissen wolle. In dieser Beziehung scheint uns nun allerdings mehr Unwissenheit als Bosheit obwaltend zu sein, allein damit gestaltet sich die Situation für unsere Widersacher nicht besser. Denn wer so Ignorant ist nicht zu wissen, welcher An die Bestrebungen eines Mannes wie Kropotkin sind, und der gleichwohl das große Wort im Kampfe zwischen den Anarchisten und sonstigen Sozialisten führt, der gibt sich als dummdreist und muß beschulmeistert werden, wie sogleich geschehen soll.

Kropotkin ist nämlich nicht bloß ein Kommunist schlechthin, sondern geradezu der aller überschwänglichste Kommunist, welcher je existiert hat. Ihm ist es auch zuzuschreiben, daß in verschiedenen Ländern - so namentlich in Frankreich, Italien, Spanien und Belgien - die Anarchisten ihren kommunistischen Standpunkt ostentativ bei jeder Gelegenheit hervorgekehrt haben. Da ihm der Kommunismus die Hauptsache ist und daß er, gleich uns im Anarchismus nur ein notwendiges Ergänzungsmoment der kommunistischen Gesellschaftsauffassung erblickt, geht schon aus der Tatsache hervor, daß er bereits vor Jahren auf dem Anarchisten-Kongreß der Juraförderation, welcher in St. Imier tagte, den Antrag stellte, man möge den bestehenden Vorurteilen insofern ein Opfer bringen, als man sich künftighin nicht mehr Anarchisten, sondern 'freiheitliche Kommunisten' benenne. Der Antrag fiel durch, ist aber doch wohl unzweifelhaft als Beweis dafür stehen geblieben, daß Kropotkin vor allem Kommunist ist.

Ja, von dem soeben erwähnten Kongreß ging auch die Anregung dazu aus, daß sich fortab alle Anarchisten, die Anspruch darauf machten, auf der Höhe ihrer Zeit und innerhalb der Kreise des revolutionären Proletariats zu stehen, kommunistische Anarchisten nannten. Kropotkin ist also - weit entfernt, in Opposition zu den kommunistischen Anarchisten zu stehen (die ja 'nicht Anarchisten sondern Sozialisten' sein sollen), geradezu als deren Vater anzusehen. So ist also die Stellung, welche unsere Gegner innerhalb der Arbeiterbewegung wider uns einnehmen, buchstäblich eine bodenlose, teils auf ganz direkten Lügen, teils auf Ignoranz beruhend, jedenfalls auf die Dauer nicht haltbar.

Unsere feindlichen Brüder sollten einmal ernstlich alle diese Dinge in Erwägung ziehen; und wenn sie, was ja nicht ausbleiben kann, nach ruhigem aber eingehenden Studium der Sachlage herausgefunden haben, daß wir in allen diesen Beziehungen recht haben, dann sollte sie kein falsches Schamgefühl bewegen, wider besseres Wissen am Althergebrachten festzuhalten. Sie sollten vielmehr bereit sein, vereint mit uns, frisch und froh in den Krieg zu ziehen wider Kirche, Staat und Börse, jene heilige Dreieinigkeit, welche entthront werden muß, wenn für Freiheit, Gleichheit und Brudersinn der Weg geebnet werden soll.

***

Den größten Stein des Anstoßes der anarchistischen Doktrin bildet bei den nicht-anarchistischen Sozialisten der 'freie Vertrag'. Weil die Anarchisten der Ansicht sind, daß in einer freien Gesellschaft die Menschen ihre Beziehungen zu einander auf Grund unauferzwungener Vereinbarungen regeln werden, glauben ihre Widersacher darob Ursache zum Lacheln zu haben. Die Letzteren stellen sich aber damit nur auf den Standpunkt sozialer Gewalttäterei und sind mithin von irgend einem freiheitlichen System so weit wie irgend denkbar entfernt. Sie können höchstens behaupten, das ihr Zwangs- und Zuchtsystem auf allen gleichmäßig laste und mithin von keinem besonders empfindlich verspürt werden dürfte; allein das ist eine sinnlose Phraseologie, denn ein allgemeiner und auf Gegenseitigkeit beruhender Zwang hebt sich auf und ist mithin null und nichtig. Ist wirklich etwas derartiges unseren missverständnisvollen Freunden vor Augen schwebend, so erstreben sie, genau wie wir, die Zwanglosigkeit, und sie müssen mit uns schließlich im 'freien Vertrag' als gesellschaftlichem Regulator einen Ruhepunkt finden. Wenn nicht, so bleibt der Vorwurf auf ihnen lasten, daß sie höchstens dem bestehenden System politischer Herrscherei und sozialer Vormundschaft der einen über die anderen eine milde Form zu geben bemüht seien.

Im Übrigen braucht man sich gar nicht erst in das Bereich einer noch unbekannten neuen Welt zu versetzen - weder auf den Mars, noch in ein sonstiges Utopia - um sich zu veranschaulichen, wie freie Verträge wirken.

Da ist z.B. der Weltpostverein. Die einzelnen Postorganisationen treten demselben ganz nach freiem Ermessen bei und können auch wieder ihren Rücktritt bewerkstelligen. Diese Kontrahenten vereinbaren gegenseitig, welche Dienste sie einander leisten wollen, um einen möglichst praktischen und wohlfeilen Postverkehr zu erzielen. Es gibt da keine internationale Rechtsinstanz, bei welcher ein Vertragsbrüchiger eingeklagt oder exekutorisch zur Pflichterfüllung gepreßt werden könnte. Dennoch wird da der 'freie Vertrag' eingehalten - einfach deshalb, weil jeder Vertragsbruch mit einer Selbstschädigung verknüpft wäre, und weil es mithin das Interesse einer jeden der vertragschließenden Parteien erheischt, nicht kontraktbrüchig zu werden. Stellen sich doch Unregelmäßigkeiten oder sonstige unvorhergesehene Übelstände ein, so finden Konferenzen statt, und es werden die nötigen Verbesserungen frei vereinbart.

Diese Institution, welche allein schon ein Musterbild für die künftigen freien Gruppierungen der Menschen zu den verschiedenartigsten Lebenszwecken abzugeben geeignet ist, steht indessen in dieser Beziehung nicht isoliert da. Die Trust- und Poolbildungen kommen z.B. zwischen Leuten zustande, welche im allgemeinen mit verteufelt wenig Gemeinsinn ausgestattet sind; sie sind fast in allen Ländern sogar gesetzwidriger Natur, und es können mithin die einzelnen Kontrahenten, falls sie die eingegangenen Verpflichtungen nicht erfüllen sollten, rechtlich nicht dazu gepreßt werden. Alles, was da im Sinne des geschlossenen Vertrages geschieht, passiert nur unter dem Sporn der damit verknüpften Vorteilhaftigkeit.

Überhaupt gibt es ja hunderterlei Dinge, die heutzutage schon auf Grund freier Verträge, hinter denen keine Gesetze und keine Regierungen stehen, welche deren Einhaltung erzwingen könnten, ins Werk gesetzt und durchgeführt werden. Gesang-, Turn-, Schützen-, Bildungs- und politische Vereine, Parteiorganisationen, Verbände zur Hebung von Kunst und Wissenschaft etc. sind überall vorhanden, und oftmals schließen die betreffenden lokalen Verbindungen solcher Art untereinander freie Verträge ab, denen zufolge hunderte, ja tausende von solchen Korporationen national und sogar international behufs Erreichung gemeinsamer Zwecke zusammen wirken. Nirgends macht sich aber ein anderer als ein rein moralischer Zwang geltend, um die Einhaltung der fraglichen Verträge herbeizuführen. Und absurd würde man es finden, wen jemand behaupten wollte, daß diese ganze Maschinerie ohne Einmischung einer höheren Gewalt, einer staatlichen oder sonstigen gesetzlichen Autorität nicht zu arbeiten vermöchte. Im Gegenteil hat es sich von jeher und überall gezeigt, daß jede Einmischung in diese Dinge, welche sich da oder dort die Staatsgewalt vermittelst ihrer Gesetzgebung und Exekutive anmaßte, nur störend und hemmend gewirkt hat, und allenthalben, wo derartiges im Gange ist, agitieren die davon betroffenen Organisationen ganz energisch für Abschaffung der staatlichen Bevormundung.

Wenn sich nun aber solches schon in der heutigen Gesellschaft zeigt, in einer Welt voll Egoisten, um wie viel leichter muß sich das Organisationswesen zu allen erdenklichen menschlichen Zwecken auf Grund freier Vereinbarungen in einer Gesellschaft regeln, wie wir sie anstreben, in einer Gesellschaft, die auf Gütergemeinschaft basiert ist, und bei welcher mithin alle jene erbärmlichen Eigenschaften in Wegfall kommen, die mit der Institution des Privateigentums aufs engste verknüpft sind. In einer Gesellschaft von Freien und Gleichen kann es nichts weiter geben als den freien Vertrag; denn ein zwangsweises Zusammenwirken verstieße ja geradezu gegen die Grundbegriffe von Freiheit und Gleichheit.

Kurzsichtige Leute wenden mitunter ein, in wirtschaftlicher Beziehung walte ja heutzutage auch eine gewisse Freiheit, indem sich keine Staatsgewalt in das Geschäftsgebaren der Produzenten mische, man könnte aber doch bemerken, zu welch heillosen Verhältnissen diese Regellosigkeit geführt habe. Wir greifen dieses Argument unserer Widersacher auf und belehren die letzteren eines Besseren. Wenn nämlich das freie Walten auf ökonomischem Gebiete innerhalb der heutigen Gesellschaft dahin geführt hat, daß wir jetzt vor einer sozialen Frage stehen, die kategorisch auf ihre Lösung dringt, so hat das mit dem wirtschaftlichen Gehen- und Machenlassen an und für sich nichts zu tun, sondern einzig und alleine mit dem Institut des Privateigentums, hinter welchem der Staat als Schutzpatron steht. Das Privateigentum hat es mit sich gebracht, daß die Armen zu Sklaven der Reichen wurden, daß die ersteren von den letzteren einer immer schärferen Ausbeutung unterzogen werden konnten, und daß dieserhalb die Volksmassen immer weniger in die Lage kamen, das von ihnen Erzeugte zu verbrauchen. Würde nicht die Staatsgewalt alles aufbieten, dieses Verhältnis aufrecht zuerhalten - das Volk ließe es sich gewiß nicht lange gefallen. Wir haben es eben da nur scheinbar mit einer ökonomischen Freiheit zu tun, in der Tat liegt die Einmischung des Staates klar zu Tage. Ja, der Staat ist gar nichts anderes als die organisierte Macht der Eigentümer, welche die Habenichtse unter der Botmäßigkeit der ersteren zu halten bestrebt ist. Aus diesem Grunde sind auch die besitzlosen Volksmassen gezwungen die Staatsmaschine zu zertrümmern, wenn sie das Institut des Privateigentums aufheben und die Gütergemeinschaft an dessen Stelle setzen wollen.

Die Gegenwart kennt nur Menschen mit Interessenverschiedenheiten, die Zukunft hingegen, welcher wir zusteuern, kennt nur Menschen mit gleichmäßigen Interessen. Wo solche obwalten, hört die Solidarität auf, eine soziale Tugend zu sein, sie versteht sich geradezu von selbst. Welch ein Grund läge da noch vor, die menschheitlichen Zwecke durch ein System der Unter- und Überordnung, also der Unfreiheit auf der einen und der Überhebung und des Vorrechts auf der anderen Seite, erzwingen zu wollen, statt alle diese Dinge der freien Vereinbarung, wie sie die Notwendigkeit, die Nützlichkeit und das Gemeinwohl, welches in einem solchen Zustande gleichzeitig auch das Wohl jedes Einzelnen bedeutet, provozieren müssen, zu überlassen? Nur derjenige, welcher in die Zukunft blickt und dabei sich von dem Bestehenden nicht gänzlich emanzipieren kann und infolgedessen den künftigen Menschen alle jene schlechten Eigenschaften andichtet, welche dieselben unter dem Einfluß jetzt bestehender Verhältnisse notwendigerweise erlangen mußten, kann zu der Annahme gelangen, daß auch die kommunistische Gesellschaft der Gesetzgeberei, Regiererei, also Staatlerei und Zwängerei nicht entbehren könne. Hält man sich vollends noch vor Augen, daß in einer kommunistischen Gesellschaft jedem nur eine sehr geringe Arbeitslast zufällt, weil kein Arbeitsfähiger sich des Tadels der öffentlichen Meinung - der einzig denkbaren moralischen Gewalt, die wider etwaige Unholde in das Spiel kommen mag - wegen hartnäckiger Verweigerung der Erfüllung allgemeiner Arbeitspflicht aussetzen würde, daß also jedem ungemein viel Zeit und Gelegenheit zur Erweiterung seines Wissens und zur Veredelung seines Charakters zur Disposition steht, so wird man begreifen, daß die Kommunisten der Zukunft vernünftig genug sein werden, um allgemein und von Fall zu Fall auszufinden, was zu tun und was zu lassen ist, ohne daß sie irgend ein staatlicher Weltweiser am Leitseil des Gesetzes von der Wiege bis zum Grabe durch das Leben schleift.

***

Wer sich überhaupt über das ganze Wesen aller bisherigen Gesetzgeberei bisher noch nicht klar gewesen ist, der sollte sich doch einmal die absolut unbestreitbare Tatsache vor Augen halten, daß jede Generation die Gesetzgeber der ihr vorangegangenen Generation mindestens für verrückt, wenn nicht für schlimmeres gehalten hat. Die Geschichte der Gesetzgeberei darf mit Fug und Recht als die Geschichte des schauderhaftesten Wahnwitzes bezeichnet werden. Oder halten wir etwa die Gesetze wider Hexerei und Ketzerei, die Gesetze gegen alle erdenklichen Dinge, welche seiner Zeit mit raffinierter Grausamkeit bestraft wurden und welche heute für straflos angesehen werden, nicht für Wahnwitz? War es keine Verrücktheit, die Menschen Feuer-, Wasser- usw. Proben machen oder foltern zu lassen, um deren Schuld oder Unschuld auszufinden? Nun wohl! Ein späteres Geschlecht wird die Gesetze unserer Tage mit ihren Galgen, Henkerbeilen, Kerkern und Ketten für nicht minder unsinnig halten, als wir dies gegenüber den Gesetzen vergangener Jahrhunderte als ausgemacht ansehen. Wer objektiv, d. h. ohne Vorurteil und Aberglauben, an das Wesen aller und jeder Legislatur herantritt, der kommt mit dem Kulturhistoriker Buckle zur Überzeugung, daß die besten Gesetze diejenigen waren und sind, vermöge welcher frühere Gesetze abgeschafft wurden.

Und da sollten wir uns noch lange betreffs einer Zukunftsgesetzgebung die Köpfe zerbrechen? Es gehört ein gut Teil Naivität dazu, uns solches zuzumuten.

Was nun noch als Gegenstand des Disputes zwischen uns und unseren Widersachern bleibt, das ist die Frage, ob die verschiedenen (auf Grund freier Verträge zu Stande zu bringenden) Organisationen in der künftigen Gesellschaft 'zentralistischer oder förderalistischer' Natur sein sollen. Wir halten dafür, daß das letztere der Fall sein werde und müsse - nicht weil wir uns um 'ungelegte Eier' bekümmern, sondern weil uns die Erfahrung gelehrt hat, daß der Zentralismus unter allen Umständen früher oder später in einer ungeheuren Vollmachtsanhäufung in wenigen Händen, damit im Mißbrauch der Macht, also in Herrschaft einerseits und Unfreiheit andererseits enden muß. Außerdem sehen wir nicht ein, warum und wieso eine Zentralisation ökonomischer Organisationen oder gar der ganzen menschlichen Gesellschaft an sich nötig oder dienlich sein solle.

Wenn wir annehmen und sogar hoffen, daß die soziale Frage im kommunistischen Sinne schließlich nicht nur in diesem oder jenem Lande, sondern in der ganzen Welt gelöst werden wird, so wird jeder Gedanke an Zentralismus ganz von selbst zur reinsten Monstrosität. Man denke sich eine in Washington tagende Zentralkommission von Generalbäckern, die den Gewerksgenossen von Peking oder Melbourne vorschreibt, in welcher Fasson oder Menge sie Semmeln backen sollen! - Dieses Bild des weiteren auf die verschiedenartigsten Gewerke angewendet, gibt das wird kein Mensch bestreiten können - die schönste Chineserei, welche je ein Mandarin ersonnen hat. Und da die Menschen der Zukunft höchstwahrscheinlich keine Zopfmichel sind, so werden sie auf einen solchen Unsinn nicht verfallen. Sie werden einfach ihre verschiedenartigen Verhältnisse so regeln, wie das die Bedürfnisse und die Notwendigkeiten, dieselben zu befriedigen, mit sich bringen. Praxis und Erfahrung regulieren das alles ganz von selber.

Ein solches Verhältnis nennen wir aber das System der Herrschaftslosigkeit oder Anarchie. Darum, ihr feindlichen Brüder: hinweg mit allen Vorurteilen, mit allem Dogmenglauben! Studiert die anarchistischen Prinzipien und helft mit, dieselben zu verwirklichen. Es lebe die soziale Revolution!

***

Die Erörterungen, welche wir hinsichtlich der kommunistischen Anarchisten angestellt haben, sollen keineswegs bezwecken, daß die Kluft, welche zwischen denselben und den mehr nach rechts hinneigenden Arbeiterparteien gähnt, erweitert wird, wie manche vorurteilsvollerweise annehmen mochten, sondern sie sind im Gegenteil der Absicht entsprungen, diesen Riß im Boden der sozialen Revolution zu überbrücken. Um dies zu erzielen, mußten zu allernächst die landläufigen Konfusionen, die über Anarchismus und Kommunismus bisher kursierten, einer entsprechenden Kritik unterzogen und durch klare und objektive Definitionen dieser beiden Begriffe ersetzt werden.

Den Kommunismus stellte man sich gewöhnlich als ein System vor, bei welchem die Individuen in der Gesamtheit völlig aufgehen und mithin gar kein eigenartiges Dasein führen - ein Gedanke, der nur zu sehr geeignet war, nicht nur originellere Charaktere förmlich zurückzuschrecken, sondern selbst ganz gewöhnliche Spießer, welche überhaupt keine Individualität zu verlieren hatten, ins Bockshorn zu jagen.

Umgekehrt wurde dem Anarchismus unterschoben, daß er die Menschen isolieren resp. die ganze menschliche Gesellschaft "auflösen" würde. Unsere Erörterungen deuteten indessen an, daß das System der Gütergemeinschaft keineswegs die einzelnen Menschen zum bloßen subjektiven Anhängsel der stofflichen Welt degradiere, sondern vielmehr dazu geeignet sein werde, jede einzelne Individualität vollkommen frei zur Geltung zu bringen. Ebenso haben wir auseinandergesetzt, daß und wieso die Anarchie (Herrschaftslosigkeit) das Zusammenwirken mehrerer, vieler oder aller - je nachdem sich das als wünschenswert erweisen mag - zur Erreichung gemeinsamer Zwecke keineswegs ausschließe.

Wir haben die Streitpunkte, welche zwischen den sozialdemokratischen und anarchistischen Kommunisten existieren, auf ihren wahren Wert zurückgeführt, indem wir zeigten, daß die Differenzen großenteils auf Zukunftsspekulationen beruhen, welche in den Bereich der Philosophie gehören ... Und um dazutun, wie wenig Ursache selbst diese Sphäre unter denkenden Sozialisten (Sozialdemokraten wie Anarchisten) Anlaß zu größeren Streitigkeiten geben sollte, zergliederten wir die falschen Voraussetzungen, unter welchen es einzig und allein möglich war, daß solche Zwistigkeiten ausbrachen, wie sie nun schon seit vielen Jahren gerade denjenigen Teil der Albeiterbewegung verunzieren, welcher die fortgeschrittensten, intelligentesten und energischen Proletarier umfaßt.

Wir haben denen, welche unter dem Einfluß bürgerlich-liberaler Traditionen noch immer an die Staatsidee - auch im Hinblick auf eine kommunistische Gesellschaft - festhielten, nachgewiesen, daß der Kommunismus zur Durchführung und Aufrechterhaltung seines freiheitlichen Grundprinzips nicht nur keiner Staatsgewalt bedarf, sondern auch, daß eine solche gegenüber dem Kommunismus nur störend und hemmend wirken könne. Ja, wir haben dargetan, daß der Staat ("Volksstaat", "Zukunftsstaat" usw.), von welchem in kommunistischen Kreisen sozialdemokratischer Art noch häufig die Rede ist, eigentlich gar kein Staat ist, und mit F. Engels kamen wir zu dem Schluss, daß der Staat in der Zukunft neben das Spinnrad und die Streitaxt in das Antiquitätenkabinett verwiesen werden müsse.

Es blieb nach unserer Darlegung höchstens noch die Frage offen, ob die Menschen der Zukunft den Organisationen, die sie zur Erreichung ihrer verschiedenen Lebenszwecke ins Werk setzen dürften, eine zentralistische oder eine föderalistische Gestalt geben werden. In dieser Beziehung glauben wir bewiesen zu haben, daß die Zentralisationsidee gleichfalls nur der angeborenen Vorliebe für das Hergebrachte geschuldet sei, während eine vorurteilsfreie Betrachtung gerade des bisher üblich gewesenen Zentralismus denselben für die Zwecke einer freien Gesellschaft als untauglich erscheinen lasse, also das föderalistische System zu einem erstrebenswerten stempele.

Nach solcher Feststellung wird es einleuchten, dass eine schließlich prinzipielle Verständigung zwischen den sozialdemokratischen und den anarchistischen Kommunisten kein Ding der Unmöglichkeit ist. Unsere Stellung gegenüber den ersteren kann also keine feindliche sein, ja, sie ist es gar nie gewesen, obgleich es den Anschein haben mag, als hätte man es bisher mit dem strikten Gegenteil zu tun gehabt. Diese letztere, sehr beklagenswerte Auffassung der Dinge verdankt man wesentlich dem Umstand, daß die Streitigkeiten, welche zwischen diversen Personen innerhalb der fortgeschrittenen Arbeiterbewegung sich entwickeln, wie das ja im öffentlichen Leben niemals ganz vermeidlich ist, viel zu sehr zur Parteisache auffaßte und in der Masse dementsprechend behandelte. Verschärft wurde dieses Missverhältnis noch dadurch, daß sich innerhalb der kommunistischen Parteien, wie bei jedem Parteileben, allerlei Demagogen einzunisten wußten, die es verstanden, förmliche Verderber der ganzen Bewegung zu werden, und die infolgedessen wohl oder übel von den einsichtigeren Elementen auf das Entschiedenste bekämpft werden mußten, welchen Kampf jedoch die Massen leider nicht immer sogleich verstanden und zu würdigen wußten. Durch teilweise falsche Stellungnahme der letzteren wurde unsäglich viel Unheil angerichtet und heute noch ist diese Misere da und dort in vollem Gange. Aber, um zur Hauptsache zurückzukommen - mit den eigentlich prinzipiellen Streitpunkten der verschiedenen Spielarten des Kommunismus haben alle diese Dinge wenig oder gar nichts zu schaffen.

Hinsichtlich der Taktik, welche die verschiedenen kommunistischen Parteien in Anwendung bringen zu müssen glauben, um zum Ziele zu gelangen, scheint es stärker zu hapern. Da wird von Friede und Gesetz auf der einen und von Revolution auf der anderen Seite - vom Stimmkasten als Erlösungsmittel hier und von der Propaganda der Tat da gesprochen; und ein hitziges

Gefecht ist unter den feindlichen Brüdern wegen dieser Kampfesmethoden beständig in vollem Gange.

In dieser Beziehung haben wir gezeigt, daß der Streit, ob Revolution oder nicht, eigentlich ein recht kindischer sei, indem nicht nur die Logik der Geschichte, sondern mehr noch die Haltung der herrschenden Klassen gegenüber allen und jeden Bestrebungen der Arbeiter eine friedliche Lösung der sozialen Frage völlig ausschließe. Der ganze diesbezügliche Streit ist daher opportunistischer Natur; und weil sich die Bourgeoisie keineswegs durch irgend welche Vorstellungen und sanfte Redensarten über die Natur der proletarischen Klassenbewegung täuschen läßt, so ist auch die ganze Opportunitätspolitik innerhalb der Arbeiterbewegung bereits zu Schanden geworden. Sie wird früher oder später aufgegeben werden müssen, und was zurückbleibt, das ist selbstverständlich die revolutionäre Taktik.

Was speziell die Stimmkästnerei (Wahlbeteilung, Anm.)anbelangt, so kann man dieselbe von vornherein nur als ein agitatorisches Experiment auffassen. Dasselbe hat sich nicht bewährt. Es führte die Massen auf Abwege der Nebensächlichkeit und Oberflächlichkeit und viele gute Kräfte in allerlei Versuchungen, denen sie nicht immer zu widerstehen vermochten. Mancher gute Revolutionär ist durch seine Teilnahme am Parlamentarismus und durch seine Berührung mit den Parlamentariern total verdorben worden. Wir Anarchisten sind daher dafür, daß man sich mit der Wählerei nicht befasse, sondern stets und ständig rein prinzipielle Propaganda mache und dabei gerade Wege wandele.

Wenn wir auf der anderen Seite die Überzeugung hegen, daß durch eine revolutionäre Tat mitunter mehr Propaganda gemacht werden kann, wie durch hunderte von Agitationsreden und tausende von Broschüren oder Zeitungen, so sind wir noch lange nicht der Meinung, daß jede beliebige Gewalttat, verübt an irgend einem Repräsentanten oder Beschützer der herrschenden Klasse, eine solche Wirkung haben werde. Wir werden vielmehr nie müde, zu erklären, daß nur die richtige Tat am rechten Ort und zur passenden Zeit einen solchen Effekt haben könne; und es fällt uns gar nicht ein, die nächsten besten dummen Streiche, wenn sie auch in guter Absicht von revolutionär gesinnten Leuten ausgeführt wurden, unbesehen gutzuheißen.

Im übrigen ist ja die Propaganda der Tat ohnehin keineswegs ein ausschließliches Steckenpferd für uns geworden, das wir beständig reiten und über welchem wir jede sonstige Propaganda vergessen. Wir wirken durch Wort und Schrift, wo und wie wir nur immer können. Wenn wir uns einerseits nicht der Illusion hingeben, daß man erst das ganze Proletariat aufklären müsse, ehe es berufen sei, die Schlachten der sozialen Revolution zu schlagen, so mißkennen wir andererseits nicht im geringsten, daß man wenigstens in Bezug auf mündliche und Drucksachenagitation tun müsse, was nur irgend möglich ist. Gleich unseren sozialdemokratischen Parteiverwandten betreiben wir also Aufklärung so gut wir können, wenn wir uns auch dabei nicht verhehlen, daß ein möglichst kräftiger Ton angeschlagen und das Salz der Aufreizung beigemischt, die Verwässerung der Abwiegelung vermieden werden müsse, wenn der gewünschte Erfolg erzielt werden soll. Haben unsere Stiefbrüder in dieser Beziehung mitunter allerlei 'wissenschaftliche' Seitensprünge und Einschläferungen sich zu Schulden kommen lassen, so wird sie der dabei erzielte Mißerfolg alsbald wieder zum richtigen Takt veranlassen, wie er in allen sozialistischen, resp. kommunistischen Bewegungen von Hause aus angeschlagen wurde.

Unter allen diesen Umständen scheint uns – zwar keine augenblickliche Verschmelzung, wohl aber eine Art Aneinander-Gliederung der sozialdemokratischen und anarchistischen Kommunisten denkbar und möglich zu sein. Eine solche müßte in der Bekämpfung des gemeinsamen Feindes ausgezeichnete Früchte tragen. Ist der gute Wille beiderseitig zu einer solchen Vereinbarung da, so wird sie auch bald genug ins Leben treten. Solange freilich von der einen, wie von der anderen Seite ein förmlicher Parteibeitritt mit dazu gehöriger Programmunterzeichnung verlangt wird, kann in dieser Beziehung nichts erreicht werden. Eine Notwendigkeit zu solcher Dogmenreiterei existiert nicht, vielmehr muß sie gerade vor allem aufhören, wenn es in der angedeuteten Richtung besser werden soll.

- "Zerstörung der bestehenden Klassenherrschaft mit allen Mitfein, d.h. durch energisches, revolutionäres und internationales Handeln."

- "Errichtung einer auf genossenschaftlicher Organisation der Produktion beruhenden freien Gesellschaft."

So oder ähnlich sollte die Devise lauten, unter welcher die Sozialdemokraten und Anarchisten gemeinsam kämpfen. Alles Übrige besorgen jene, welche als siegreiche Revolutionäre an den Aufbau der freien Gesellschaft gehen können.

Johann Most